KB272455

귀 열어,
클래식 들어간다

클래식의 감동을 새로운 시대의 언어로
확장해 온 서영재 PD!
클래식의 내일을 향한 그의 열정이
가득 담긴 이 기록이, 예술을 사랑하는
많은 분들께 깊은 울림과 새로운 영감의
문을 열어주길 바라며, 기쁜 마음으로
이 책을 추천합니다.

2026년 봄.

조수미(소프라노)

이 책은 클래식을 처음 만나는 독자에게는 부담 없이 읽히는 친절한 안내서이며, 이미 클래식을 즐겨온 이들에게는 실제 오케스트라 무대에서 펼쳐지는 단원들과 사무국 직원들의 생생한 이야기가 더해져, 어디서도 듣지 못했던 '진짜 클래식 현장'을 경험할 특별한 책이 될 것이다.

안두현 지휘자(과천시립교향악단 상임지휘자)

KBS교향악단과 궁예를 한 프레임에 끼워 넣던 그 순간 바로 알아보았다. 아, 이 양반 보통이 아니구먼. 자극적인 숏폼이 나도 모르게 내 취향을 선도하는 시대에, 클래식 전문가가 제시해야 할 방향은 분명하다. 입문자의 부담을 가볍게 하되, 음악의 깊이는 놓치지 않는 것. 서영재 PD는 그 지점을 거의 직감적으로 짚어낸다. 그의 위트 있는 콘텐츠는 클래식을 '죽기 전에 들어야 하는 필수 교양 음악'이 아니라 '나도 모르게 찾아 듣고 싶어지는 이야기'로 바꿔 놓는다. 이 책이 부디 알고리즘에 빼앗긴 우리의 취향을 되찾아주는 작은 복구 버튼이 되길 바란다.

송사비(《클래식 음악 야화》, 〈클래식 사용 설명서〉 저자)

서영재 PD는 영상편집이라는 새로운 언어로 클래식의 판도를 바꿔 놓은 인물이다. 그는 무대 밖에서 클래식을 전혀 다른 방식으로 해석해 냈고, 그 결과 클래식은 더 이상 먼 장르가 아니라 누구나 일상에서 즐길 수 있는 콘텐츠로 자리 잡았다. 지루하다고 여겨지던 긴 교향곡을 쇼츠처럼 직관적으로 소개하고, 공연의 절정을 효과적인 편집으로 끌어올리며, 클래식이 가진 감정선을 현대인의 감각에 맞게 다시 번역했다. 그 혁신은 단순한 '편집 기술'을 넘어, 클래식을 보는 새로운 관점 자체를 만들어냈다. 영상으로 클래식의 시대를 넓히고, 이제는 글로 그 세계를 더 깊게 열어주고 있다.

브랜든 최(클래식 색소포니스트)

열다섯 살, 중학교 방과후 수업으로 우연히 관악부에 들어가게 되었다. 관악부 선생님은 신입생들에게 합주를 먼저 들어보고 수업이 끝나면 하고 싶은 악기를 고르라고 하였다. 그렇게 합주가 진행되던 중 열다섯의 눈길을 사로잡은 악기가 있었다. 길쭉하게 쭉 뻗으며 중저음의 멋있는 소리를 내는 그 악기. 음…. 이름은 몰랐지만 멋있으니 그 악기가 하고 싶어졌다.

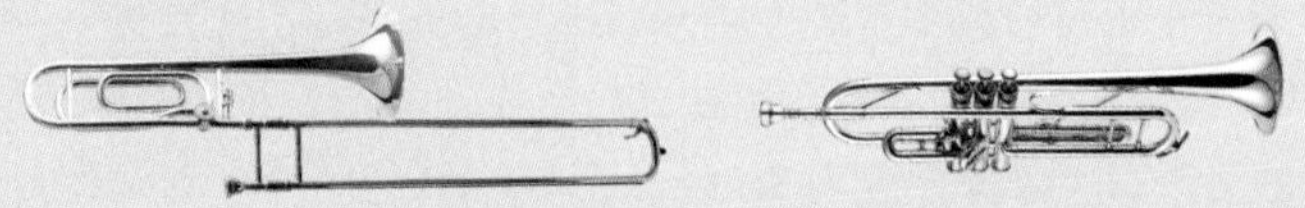

잘 모르고 보면 그냥 다 나팔 같아 보인다고!

합주가 끝나자 선생님은 하고 싶은 악기를 말하라고 하셨다. 원래 하고 싶었던 악기는 '트롬본'이었지만, 당시의 나는 악기 이름을 정확히 알지 못했다. 고민 끝에 선생님께 '나팔'이 하고 싶다고 말했고, 얼마 후 나팔처럼 생긴 '트럼펫'을 건네받았다. 이 작은 나팔을 불다 보면 언젠가는 자연스럽게 옆자리의 길쭉하고 멋진 트롬본으로 '승진'하게 되는 줄 알았다. 하지만 '승진'은 없었고, 서로 전혀 다른 악기임을 깨닫는 데는 그리 긴 시간이 걸리지 않았다.

그렇게 1년, 2년이 흘러 결국 트럼펫에 정이 들었고, 중학교 3학년이 되자 예고 진학을 목표로 본격적인 트럼펫 전공의 길에 들어섰다. 많은 우여곡절이 끝에 경기예술고등학교, 한국예술종합학교를 거쳐 서울시립교향악단, KBS교향악단, 국립심포니오케스트라 등 여러 오케스트라에서 객원 연주와 협연을 하며 어느덧 어엿한 연주자가 되어 있었다.

한예종 재학 시절, 너무나 많은 재능 있는 연주자들을 보며 큰 동기부여를 받았던 기억이 있다. 하지만 실제로 음악을 하면서 안정적인 일자리를 갖는 연주자는 극히 소수였고, 대부분은 졸업 후 방황하다 전혀 다른 길을 찾아 떠나갔다. 만약 이들이 음악을 지속할 수 있는 환경에서 연주할 수 있었

한예종 재학 당시 학교 윈드 오케스트라와
협연 공연, 2014

다면 어땠을까 하는 아쉬움이 늘 마음에 남았다. 나 또한 연주를 사랑했지만, '연주자'라는 역할만으로 클래식을 널리 알리고 시장을 바꾸는 데 한계가 있다는 사실을 점점 더 절실히 느끼게 되었다. 아무리 무대에 서도, 아무리 트럼펫을 잘 불어도, 클래식이 가진 매력을 더 많은 사람들에게 전달하기엔 영향력이 턱없이 부족했다.

그때 눈에 들어온 것이 바로 '유튜브'라는 새로운 무대였다. 창작을 좋아했던 나는 자연스럽게 시청자가 아닌 제작자가 되고 싶어졌고, 그렇게 클래식 지식을 쉽게 풀어내는 '알기쉬운 클래식 사전'이라는 채널을 만들며 본격적으로 유튜브 세계에 발을 들였다. *(무언가를 만드는 것을 좋아하는 성향 탓에 실용 작곡을 잠시 전공하기도 했다.)*

첫 개인 채널이 급격히 성장하며 여러 MCN(기획사)에서 러브콜이 왔고, 어렸던 나는 신나서 CJ ENM의 DIA TV에 들어가게 되었다. 이곳에서 소프라노 조수미 선생님의 일대기를 다룬 콘텐츠를 제작했는데, 이를 직접 보신 조수미 선생님께서 함께 유튜브 콘텐츠를 만들어보자며 먼저 연락을 주시기도 했다. 당시 이렇다 할 제작 경력 없이 오직 열정만 가득했던 때였음에도, 감사하게도 나를 전적으로 믿고 서포트해 주셨다. 그렇게 트럼펫 연주자와 유튜브 크리에이터로 동시에 활동하면서 어느 순간 나는 깨닫게 되었다. '어쩌면 나는 다른 연주자들처럼 유학길에 오르고 멋진 연주자의 삶을 걷는 건 애초부터 안 됐을지도 모른다'는 것을 말이다.

한예종 졸업 연주에서 마지막 곡의 마지막 음을 낼 때, 재학생 최초로 무대에 드러누워 연주했다. '이제 이 음을 끝으로 연주자로서의 나는 관에 들어간다'는 상징적인 의미를 담고 싶었다. 왜냐, 난 클래식계의 슈퍼스타 조성진이나 임윤찬이 아니니까! 대신 길 영(永), 있을 재(在), 길이 있다는 뜻의 내 이름처럼 아직 잘 닦이지 않은 비포장도로를 개척하며 걷는 삶을 살기로 결심했다.

연주자로서의 마지막 무대, 클래식 연주자로서 정해진 규칙이 아닌 내 마음대로 한 번 연주해 보고 싶었다.

그렇게 지금은 KBS교향악단 유튜브 채널을 통해 내가 너무나 좋아하는 '클래식'과 '창작'의 욕구를 마음껏 펼치고 있다. 리허설과 백스테이지에서 세계적인 연주자들을 누구보다 가까이 보기도 하고, 내가 연주자로서는 경험하지 못했던 솔리스트들의 긴장감과 무대 준비 과정을 기록한다. 관객들은 볼 수 없는 백스테이지의 현장감 있는 특별한 순간들을 유튜브 쇼츠와 인스타그램 콘텐츠로 전하고 있다.

공연이 끝난 후, 백스테이지 현장

〈1박 2일〉
출연 영상

　　클래식을 좋아하는 사람이 더 많아지길 바라는 마음으로, 나만의 색깔로 클래식과 유튜브 감성을 결합한 도전적인 콘텐츠를 만들기도 한다. 최근에는 KBS 2TV 〈1박 2일〉 자료를 활용한 '강호동 협주곡', '김종민 협주곡' 콘텐츠가 유튜브 인기 급상승 영상에 오르며 수백만 회의 조회수를 기록하자, 〈1박 2일〉로부터 러브콜을 받기도 했다. 어릴 적 〈1박 2일〉을 보며 '저기 나오는 연예인들과 나는 평생 만날 일이 없겠지'라고 생각했던 내가, 예상치 못한 방식으로 그들과 만나게 된 순간이었다.

기사
바로가기

　　이러한 시도들이 모여 클래식 저변을 확장하는 또 하나의 계기가 되기도 했다. 한 기사에서는 내가 제작한 콘텐츠를 보고 클래식에 관심을 갖게 되었다는 아주 기쁜 소식이 들리기도 했다. 인터뷰에 응한 한 대학생은 "클래식은 지루하다는 생각이 있었는데, 〈1박 2일〉을 활용한 클래식 콘텐츠를 보고 관심이 생겼다"고 말하기도 했다.

물론 이런 파격적인 시도들이 세상에 빛을 볼 수 있었던 건 결코 나 혼자만의 힘이 아니었다. 개인 채널이 아닌 공식 채널인 만큼 업로드를 승인하는 상위 결재권자의 열린 판단이 필수적인데, KBS교향악단은 나의 다소 무모해 보일 수 있는 시도조차 적극적으로 믿고 지지해 주었다. 늘 든든한 지원군이 되어주는 직원과 단원분들에게 매 순간 깊이 감사할 따름이다.

궁극적으로는 나의 이러한 활동을 통해 클래식 시장이 확장되어 하나의 건강한 생태계로 자리 잡기를 바란다. 조금이라도 더 많은 사람들이 클래식을 좋아하게 되고, 더 많은 연주자들이 무대에 설 수 있게 하며, 꼭 엄청난 재능을 가진 연주자가 아니더라도 음악을 하며 먹고 살 만한 시장이 만들어지면 좋겠다는 바람이다. 내가 악기를 내려놓은 이유는 바로 여기에 있다. 이제 나는 무대 위의 솔리스트가 아니라, 클래식을 널리 알리는 이 시대의 '전령'으로서 또 다른 무대에 서고 있다.

2026년 4월

서영재

Contents

PART 1　그렇다, 클래식은 재미없다

PART 2　오케스트라? 누구보다 쉽고 빠르게 알기

그렇다, 클래식은 재미없다

클래식을
싫어할 수밖에 없는
세 가지 이유

음악은 단순히 '좋다, 나쁘다'라는 말만으로 평가할 수 없다. 클래식을 떠먹어 보기 이전에, 클래식을 처음 듣는 사람들이 왜 클래식에 막연한 거부감을 느끼게 되는지부터 짚어 보자.

익숙하지 않은 불편한 느낌

나는 종종 강의를 나가는 자리에서 클래식 음악을 낯설어하는 이들에게 클래식을 '클래食'으로 설명하곤 한다. 예를 들어 점심에 한식을 먹었으면 저녁에는 중식을 먹는 것처럼, 클래식도 음식의 종류로 생각해 보면 진입장벽을 낮출 수 있다. *(물론 가끔은 꽂히는 음식만 하루 세 끼를 먹기도 하지만 말이다.)*

프랑스 코스 요리를 처음 접하면 그 복잡한 순서와 예절에 적잖이 당황하게 된다. 손의 위치는 어디에 둬야 하는지, 냅킨은 언제 사용하는지, 

포크와 나이프는 어떤 각도로 놓아야 하는지, 그 모든 것이 마치 의식처럼 느껴진다. 심지어 식전주부터 디저트 와인에 이르기까지의 시간마저도 철저히 계획된 듯하다. 이 모든 것이 수백 년의 역사와 전통을 통해 정제된 문화의 산물이다.

처음엔 그저 "굳이 이렇게 복잡하게 먹어야 할 필요가 있을까?"라는 생각이 들 수 있다. 그러나 몇 번 경험해 보면 자연스럽게 적응하게 된다. 어느 순간 냅킨을 접는 손짓마저 익숙해지고, 자신도 모르게 포크와 나이프를 정확한 위치에 내려놓는 자신을 발견하게 된다.

그런데 프랑스 음식 문화를 제대로 체험해 보겠다고 마음먹고 나면, 그 하나하나가 마치 요리의 한 부분처럼 느껴진다. 애피타이저는 식사의 오프닝 곡이고, 메인 디쉬는 화려한 클라이맥스, 디저트는 엔딩 크레딧처럼 말이다. 물론, 이 모든 것을 마치 연극 무대 위에서 연기하듯 수행해야 할 때는 '아, 그냥 햄버거 시킬 걸 그랬나….' 싶기도 하겠지만 말이다.

클래식 음악도 이와 다르지 않다. 클래식이라는 장르는 수백 년간 이어져 온 전통과 문화적 맥락을 품고 있다. 그만큼 처음 접했을 때는 막막하게 느껴질 수 있다. 이 곡은 몇 악장[1]으로 이루어져 있는지, 어디서 박수를 쳐야 하는지, 왜 이렇게 곡이 긴지와 같은 질문이 끊임없이 떠오른다. 자연스레 '그냥 짧고 신나는 댄스 가요를 들을 걸!'이라는 생각이 스쳐 갈지도 모른다.

그러나 클래식을 조금씩 이해해 나가다 보면, 그 안에 숨겨진 매력을 발견할 수 있다. 처음에는 복잡하기만 했던 악장의 구성도 차츰 명확하게 보이고, 언제 박수를 쳐야 하는지도 익숙해진다. 무엇보다 클래식은 단순한 음악을 넘어 하나의 서사이자 감정의 여정이다. 어떤 곡은 달콤한 디저트처럼 귀를 즐겁게 하고, 어떤 곡은 묵직한 메인 요리처럼 마음에 깊은 울림을 남긴다.

물론, 항상 클래식만 들어야 하는 건 아니다. 우리는 매일 음식을 먹지만, 영화 〈올드보이〉의 주인공 오대수처럼 매일 같은 음식을 먹고 살 수는 없다. 단순하게 음식이 물리는 것뿐만 아니라 영양의 균형적으로도 말이다. 음악도 마찬가지다. 때로는 익숙하고 편안한 대중음악이나 팝송을 찾게 되는 것도 자연스러운 일이다. 하지만 가끔은 긴 호흡의 클래식을 감상하며 음악이 선사하는 감정의 풍경에 깊이 빠져보는 것

---

[1] Movement(mov.). 악곡의 독립된 각 부분을 이르는 말.

　　　　　　　　　　　　　　　　　　귀 열어, 클래식 들어간다

도 특별한 경험이다. 마치 일상 속 패스트푸드와 집밥 사이에서 잠시 '파인 다이닝'을 즐기는 것처럼 말이다.

클래식이 어렵고 복잡하게 느껴진다면 이렇게 생각해 보자. 클래식은 서두르지 않고 천천히 즐기는 저녁 만찬 같은 것이다. 모든 것을 이해하고 숙지할 필요는 없다. 중요한 것은 음악이 들려주는 이야기를 따라가며 그 여정을 즐기는 것이다.

클래식은 대중가요, 팝, 재즈 등 현존하는 모든 음악의 기본 틀이 되었기에 식사 방법만 알면 누구나 충분히 즐길 수 있는 장르다. 또한 클래식은 수백 년 동안 살아남은 예술이며, 살아남았다는 것은 강하다는 뜻이기도 하다! 그러니 부담을 내려놓고 클래식 음악의 첫 악장에 발을 들여보자. 그 첫 소리가 우리에게 어떤 이야기를 들려줄지, 그리고 어떤 풍미를 선사할지 기대하면서 말이다.

한식, 중식, 일식 그리고 클래食! Yeah!

클래식 공연은 단조롭다

불과 2~30년 전만 하더라도 우리나라의 클래식 종사자 수는 극히 적었다. 바이올린이나 플루트와 같은 현악기, 목관악기 연주자는 상대적으로 많았으나, 트럼펫, 트롬본, 프렌치 호른 등 금관악기 연주자는 거의 찾아볼 수 없었다. 클래식 공연의 관객 수도 지금에 비해 현저히 적었고, 클래식은 대중들에게 여전히 거리감이 먼 음악으로 여겨졌다.

당시 클래식 공연은 그 이미지조차 오늘날과는 크게 달랐다. 관객들은 남성은 턱시도, 여성은 드레스를 입어야 한다는 암묵적 규범이 있었으며, 클래식은 상류층만이 즐길 수 있는 음악으로 인식되었다. 이는 마치 하이든이 활동하던 시대 귀족들의 전유물로 여겨지던 공연 문화를 답습하는 모습이었다. 하지만 오늘날 클래식 공연의 분위기는 큰 변화를 맞았다. 턱시도와 드레스는 이제 필수가 아니며, 캐주얼한 차림으로도 공연을 즐길 수 있게 되었다. 그러나 이러한 변화에도 불구하고 클래식 공연은 여전히 독특한 형식과 전통을 유지하고 있다.

곡이 시작되기 전 오보에의 'A(라)' 음으로 모든 악기를 조율하는 장면은 단순한 준비 과정을 넘어 클래식 공연의 상징적 의례로 자리 잡았다. 이는 수백 년 동안 이어져 온 전통으로, 연주자들이 하나의 조화를 이루기 위한 중요한 과정이다. 또한 연주자들의 입장과 퇴장 순서, 관객들의 박수 타이밍까지 모두 정해져 있는 규칙들은 클래식 공연을 단순한 관람을 넘어 시대를 초월한 예술적 경험으로 만들어 준다. 마치 과거의 예술과 문화를 보존한 '타임캡슐'과도 같은 감각을 제공하는 것이다. 그러나 이러한 고유의 형식은 처음 클래식 공연장을 찾는 이들에게는 다소 어렵고 단조롭게 느껴질 수 있다. 공연 내내 변하지 않는 조명과 무대, 그리고 앉아 있는 연주자들 사이에서 지휘자와 협연자만 움직이는 단조로운 구성이 익숙하지 않은 이들에게는 지루하게 보일 수도 있다.

하지만 클래식은 '눈'의 즐거움보다는 '귀'를 통해 감동하게 한다. 연주자들이 자기 자신이 돋보이기보다 오케스트라의 음향적 감동을 주는 것을 더 우선시하며, 최대한 튀지 않고 단정해 보일 수 있는 연미복, 정장 등을 입는 것도 이 때문이다. 스피커 확성이 없는 무대 환경에서 마치 선장님처럼 오케스트라를 이끌어가는 지휘자의 손짓을 보며, 음향의 밸런스를 잡는 음의 변화들을 느끼고, 100명이 넘는 단원이 하나됨을 느낄 때 우리는 '눈'의 황홀함보다 '귀'로 듣고 나만의 도화지를 상상해 그려 나가는 재미로 클래식 공연을 즐기게 된다.

그렇다고 클래식이 시각적 즐거움을 완전히 배제하는 것은 아니다. 예를 들어, 스크랴빈 〈교향곡[2] 제5번 프로메테우스: 불의 시〉는 음악과 철학, 그리고 시각적 예술이 결합된 종합 예술이다. 이 작품은 무

---

[2] **Symphony.** 관현악이 서로 조화롭게 연주할 수 있도록 만들어진 대규모의 기악곡.

대의 조명을 적극 활용하여 그리스 신화 속 프로메테우스의 이야기를
묘사한다. 20세기 음악과 멀티미디어 예술의 선구적 작품으로 평가받
는 이 공연은 단순히 귀로 듣는 음악을 넘어, 시각적 감각까지 자극하
며 관객들에게 독특한 경험을 선사한다.

KBS교향악단 제808회 정기연주회 중 스크랴빈 〈교향곡 제5번 프로메테우스: 불의 시〉 공연 장면
A. Scriabin 〈Symphony No.5 Prometheus or the Poem of Fire〉

〈프로메테우스: 불의 시〉 악보 표지.
표지부터 클래식계의 신선함이 느껴진다.

클래식 공연은 지금도 끊임없이 발전
하고 있다. 이제는 디지털 시대에 걸맞
은 시각적 효과와 무대 연출을 더해 새
로운 시도를 이어가고 있다. 실제로 무
대 위 조명과 화면을 결합한 영화 음악
콘서트나 게임 음악 콘서트는 디지털화
된 클래식 공연의 대표적인 형태라고 할
수 있는데, 2022년 KBS교향악단과 함

귀 열어, 클래식 들어간다

께한 〈로스트아크 콘서트〉가 대표적이다. 이 공연에 쓰인 곡들은 단순한 게임의 배경음악 수준을 넘어, 마치 하나의 교향곡을 듣는 듯 높은 음악성을 보여주었다. 여기에 로스트아크라는 게임의 세계관과 문화를 시각적으로 풀어낸 무대 연출까지 더해져, 우리나라의 게임·영화 음악 콘서트 역사에서 한 획을 긋는 순간으로 남았다.

'게임 콘서트'라는 문을 활짝 연 〈로스트아크 콘서트(2022)〉

〈로스트아크 콘서트(2022)〉에서 열정 넘치는 지휘로
여러 커뮤니티에서 화제가 되어 일약 스타 지휘자가 된 안두현 지휘자.

전통적인 오케스트라 무대가 다소 단조롭게 느껴진다면 자신이 좋아하는 콘텐츠를 결합한 새로운 형태의 디지털 클래식 공연을 관람하는 것도 좋은 선택지가 될 것이다. 하지만 가장 중요한 요소는 '음악성'이다. 오케스트라 고유의 매력을 지켜내면서도 정교한 음악이 탄생할 때, 디지털화된 공연 역시 단발성 이벤트에 그치지 않고 지속 가능한 클래식 공연의 새로운 길이 될 수 있다.

클래식은 길다, 너무 길다!

처음 클래식 곡을 접하면 그 규모와 길이에 압도당하기 쉽다. 길게는 한 시간이 넘는 곡도 있고 기본적으로 악장이 서너 개에 달한다. 그래서 처음에는 마치 100인분짜리 초대형 피자를 앞에 두고 있는 기분이 든다. 어디서부터 먹어야 할지, 아니, 어디서부터 들어야 할지조차 감이 오지 않을 것이다. 이럴 때 가장 빠르고 맛있게 클래식을 즐기는 방법은 곡의 '가장 좋은 부분'부터 맛보는 것이다. 그 부분은 곡에서 가장 유명한 부분이 될 수 있고, 곡이 절정으로 치닫는 4악장의 웅장한 피날레일 수도 있다. 혹은 그냥 우연히 넘겨듣다가 꽂히는 구간일 것이다.

길이는 전혀 중요하지 않다. 1분이든, 30초든, 심지어 10초만이라도 괜찮다. 마치 대중가요에서 후렴구나 킬링 파트만 반복해서 듣는 것처럼, 클래식에서도 귀에 쏙 들어오는 한 대목을 반복해서 듣다 보면 어느 순간 그 앞뒤가 궁금해지고, 조금 더 긴 구간을 듣게 된다. 그렇게 듣는 범위를 점차 넓혀가다 보면, 어느 날은 처음부터 끝까지 완주하는 자신을 발견하게 될 것이다.

클래식은 억지로 한 번에 삼켜야 하는 음식이 아니다. 잘라서, 천천히, 그리고 자주 맛보면 그 풍미가 서서히 퍼져 나간다. 처음에는 작은 한 조각이지만, 결국 그 100인분짜리 피자도 다 먹게 되는 순간이 온다. 그리고 그때 느끼는 포만감과 만족감은 처음부터 무리해서 삼켰을 때와는 비교가 안 된다.

"한 번에 먹지 말고 잘라서 나눠 먹어보자!"

클래식이 처음이어도
재밌게 들을 수 있는 기법

어? 괜찮네!

방법은 간단하다. 유튜브에서 아무 클래식 공연 영상을 틀어 처음부터 쭉 듣지 말고, 이미 시청한 사람들이 가장 반복해서 들은 부분이나 곡의 가장 화려한 마지막 부분 등을 그냥 대충 넘기면서 듣는다. 그러다 보면 처음 들었는데도 이 부분은 괜찮다 싶은 순간이 있을 것이다. 우리는 그 부분만 듣는 것이다. 책을 읽을 때 좋은 문장을 발견하면 형광펜으로 체크하듯, 클래식에서도 마음에 드는 대목을 발견했다면 그 부분을 표시해 두고 반복해 듣는다.

보통 음악에서 하나의 '문장'은 1분에서 길게는 5분 정도로 끊어진다. 이 정도면 대중가요처럼 짧고 가볍게 들을 수 있기 때문에 부담이 훨씬 줄어든다. 결국 여러 토핑이 올려진 큰 피자를 자기 입맛에 맞게 한 조각 잘라 먹는 셈이다. 이것이 바로 '어? 괜찮네!' 기법이다.

피자를 잘라서 맛보자

1. 라흐마니노프 〈피아노 협주곡[3] 제2번, Op.18[4]〉 제1악장 중(6:25~8:30)
    S. Rachmaninoff 〈Piano Concerto No.2, Op.18〉 1st mov.

　　'협주곡'이라는 피자 한 조각을 맛보기 위해 처음부터 들을 필요 없이 바로 유튜브 재생 바를 6분 25초로 옮겨보자. (유튜브는 사람들이 많이 반복 재생하거나 반응이 좋은 부분을 그래프의 높낮이로 보여준다.) 이 구간은 피아노와 오케스트라가 화려하게 고조되면서 감정이 폭발하는 장면이다. 처음 듣는 사람도 자연스럽게 '어? 괜찮네!'라는 생각이 들 수밖에 없다. 그렇게 하이라이트를 먼저 맛본 뒤, 다시 앞으로 돌아가서 곡의 시작부터

---

[3] Concerto. 독주 악기와 오케스트라(관현악)가 합주하는 형식의 악곡.
[4] 작품 번호. 작품을 의미하는 라틴어 Opus의 약자로 오퍼스(또는 줄여서 오피)라 부르며, 뒤에 일련번호를 붙이는 방식으로 한 작곡가의 전작품을 연대순으로 표기한다. 작곡가에 따라 고유의 표기가 있는 경우도 있다. (ex. 하이든 (Hob.), 모차르트(K))

방금 들은 하이라이트까지 연결해 들어본다. 그러면 어느새 1악장 전체가 익숙해진다. 1악장에 적응했다면 이제 2악장으로 넘어가 보자. 2악장은 별빛이 가득한 우주처럼 서정적이고 아름다운 정적의 순간들이 이어진다. 이렇게 1, 2악장만 즐기다가 문득 용기가 나서 3악장까지 들어본다면, 처음에는 길게만 느껴졌던 36분짜리 곡이 지루할 틈 없이 온전히 들리는 순간이 찾아온다.

라흐마니노프 〈피아노 협주곡 제2번〉의 작곡 이야기를 담은
KBS교향악단의 단편 애니메이션 '아마데우스'

곡을 온전히 즐길 수 있는 시점이 되면 더 나아가 곡의 숨겨진 이야기나 작곡 배경을 익히고 듣는 단계까지도 가보자. 라흐마니노프 〈피아노 협주곡 제2번〉은 자신의 첫 교향곡이 실패하여 극심한 우울증을 겪었던 라흐마니노프의 극복 이야기를 담고 있다. '니콜라이 달N. Dahl'이라는 의사에게 최면 치료를 받으며 조금씩 회복한 그는, 그 과정에서

 귀 열어, 클래식 들어간다

세기의 명곡 〈피아노 협주곡 제2번〉을 만들어냈다. 알고 들으면 음악의 감정선이 더 크게 와닿을 것이다.

2. 차이콥스키 〈환상 서곡 '로미오와 줄리엣'〉 중
P. I. Tchaikovsky 〈Fantasy Overture 'Romeo and Juliet'〉
13분 55초부터 가장 맛있는 구간. 점차 늘려가 보자.

가장 유명한 사랑의 테마가 폭발하는 구간만 먼저 들어보자. 이 부분이 마음에 든다면, 다시 앞으로 돌아가 서서히 전체 곡을 맛보며 익숙해질 수 있다. 처음에는 낯설던 20분짜리 곡도 어느새 한 편의 드라마처럼 흘러가게 된다.

살면서 누구나 한 번쯤은 들어봤을 베토벤의 〈교향곡 제9번 '합창'〉은 그가 청력을 완전히 상실한 칠흑 같은 어둠 속에서 고난을 딛고 환희로 나아가는 인류애적 이상을 형상화한 작품이다. 우리가 너무나도 잘 아는 '환희의 송가' 멜로디는 곡의 마지막인 4악장 중반부에 등장한다. 앞서 소개한 '어? 괜찮네!' 기법처럼 이 하이라이트 구간만 쏙 빼서 듣는 것도 물론 좋다. 하지만 이 거대한 교향곡의 진가를 제대로 맛보려면, '환희의 송가'만 듣기보다 이전의 50분 동안 천천히 서사를 쌓아가는 웅장한 빌드업의 과정을 음미해 보자.

마치 천지창조를 연상시키는 신비로운 1악장을 시작으로, 곡의 하이라이트인 '환희의 송가' 예고편 같은 2악장을 거쳐 마침내 4악장이 시작된다. 이때 바리톤 독창자가 "오, 벗들이여! 이 선율이 아니오!"라 외치는데, 이는 교향곡은 기악 중심으로 이루어진다는 상식을 정면으로 뒤흔드는 듯하다. 고난을 넘어 환희로 나아가는 이 과정을 느낀다면, 그 유명한 '환희의 송가' 구간이 시작될 때 곧바로 이 부분만 듣는 것보다 훨씬 더 큰 감동이 찾아올 것이다.

4. 차이콥스키 〈교향곡 제5번〉 제4악장 중
P. I. Tchaikovsky 〈Symphony No.5〉 4th mov.
교향곡은 레고와 같다. 레고 조각이 모여 하나의 거대한 구조물이 탄생한다.

차이콥스키가 보여주고 싶었던 주제 '역경을 헤치고 승리로(Per aspera ad astra)'

이번엔 '교향곡' 피자로 예를 들어 보자. 곡의 구조를 살펴보면 '어? 괜찮네!' 기법이 사실은 작곡가가 의도한 형태라고 느낄 수 있다. 차이콥스키의 〈교향곡 제5번〉 제4악장을 들어보면 현악기가 주제[5] 선율을 내보이고, 현악기와 금관악기가 주제들을 변형하여 반복하다가 마침내 모든 것을 터트리듯 행진을 시작한다.[6] 이렇게 전 악장을 듣고 나면 마치 레고 조각이 쌓여 하나의 거대한 레고를 보는 듯한 상상이 들곤 한다.

이번엔 고전주의 음악[7]의 핵심인 '소나타Sonata 형식'[8](제시부-발전부-재현부)을 기반으로 알아보겠다. 차이콥스키보다 더 옛 시대로 넘어가서 모차르트의 〈플루트 협주곡 제1번〉을 들어보자. 가장 먼저 제시부의 서주[9]가 시작되는데, 현악기가 곡의 제1주제와 제2주제를 함축적으로 제시한다. 이어서 플루트 독주가 시작되면 다시 주제가 반복된다. 우리는 가장 첫 부분에 어떤 선율이 주제로 제시되었는지만 체크하고 감상하면 된다.

---

[5] Theme. 악곡의 중심이 되는 선율적 아이디어나 핵심 동기.
[6] 차이콥스키는 이 순간을 '역경을 헤치고 승리로(Per aspera ad astra)'라고 설명하였다.
[7] 18세기 중엽부터 19세기 초엽까지 오스트리아 빈을 중심으로 발달한 음악.
[8] 교향곡, 협주곡 등 클래식 음악에서 가장 기본적이고 광범위하게 쓰이는 악곡 형식.
[9] Introduction. 주요 부분이 시작되기 전에 분위기를 조성하는 독립적인 부분. 주제를 암시한다.

귀 열어, 클래식 들어간다

그렇게 제시부를 지나 발전부가 시작되는데, 주제가 계속 일정하게 반복되면 단조로워질 수 있으므로 반복되던 주제가 다소 흐려지고 복잡한 형태로 나타난다. 하지만 곡이 끝나는 느낌이 아니라 어디론가 진행되는 모습으로 느껴지는 것이 발전부의 특징이다.

가장 먼저 나왔던 제시부의 주제가 다시 오케스트라에 의해 반복된다. 그리고 플루트 독주가 재현될 때 주제를 반복하듯 시작하지만, 리듬이 다양하게 바뀌며 변주된다. 청중들은 "아, 아까 그 멜로디가 또 나오겠구나"라고 예측하지만, 모차르트는 그 기대를 살짝 비틀어 더 멋진 기교로 보답하는 것이다. 이러한 소나타 형식은 고전주의 시대부터 이어져 왔으며, 지금의 대중가요에도 큰 영향을 끼치고 있다.

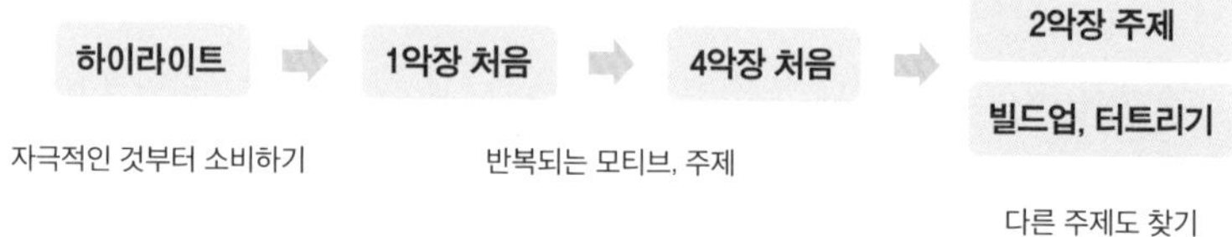

우리는 이제 소나타 형식이 어떤 것인지 파악했으니 가요를 들어도 그 구조를 느끼면서 더 재미있게 음악을 즐길 수 있다. 특히 발라드 음악을 들으면 소나타 형식과 비슷한 흐름을 발견할 수 있다.

결국 이 '어? 괜찮네!' 기법은 곡에서 가장 맛있는 부분만 골라 듣다 보면, 자연스럽게 앞뒤로 범위를 넓히며 곡 전체를 즐길 수 있게 되는 방식이다. 그 누구도 처음부터 30분이 넘는 곡을 한 번에 듣고 그 곡이 어떤 맛인지 온전히 느끼기는 어렵다. 수년간 클래식을 들어온 사람이라면 가능할지 몰라도, 초보자에게는 '어? 괜찮네!' 기법으로 클래식을 듣는 것을 추천하고 싶다. 작은 조각에서 시작해 점차 전체를 온전히 즐기는 순간이 온다. 그리고 그때 느끼는 만족감은 처음부터 무리해서 억지로 들었을 때와는 차원이 다르다.

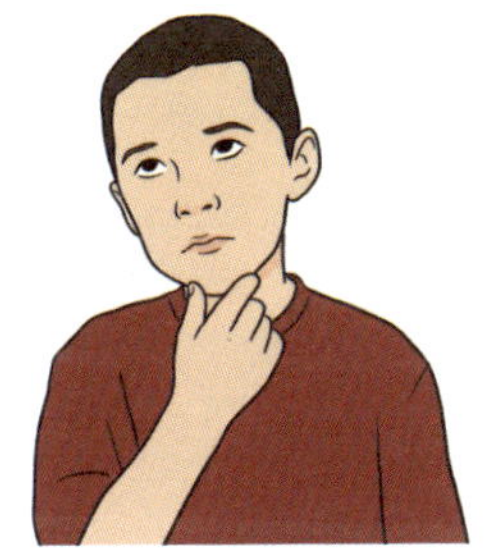

어? 이 부분은 괜찮네!

우연히 듣다 빠진 부분만 계속 들음

계속 반복하다 점점 앞부분부터 듣게 됨 / 계속 반복하다 점점 뒷부분까지 듣게 됨

'어? 괜찮네!'

수 개월 뒤, 한 곡을 온전히 즐기게 됨

"이제 다른 브랜드의 피자도 먹어보자!"

다양한 피자를 경험해 보자

당신이 이제 '협주곡'이라는 피자를 어느 정도 이해했다고 치자. 그렇지만 언제까지나 도○노 피자만 먹을 수는 없는 일이다. 파○존스도 있고, 피○헛도 있다. 브랜드가 달라지면 똑같은 치즈와 도우로 만든 피자라 해도 맛의 개성이 확연히 달라진다.

클래식 음악도 똑같다. 예를 들어, 옆 페이지에 루간스키의 연주와 선우예권의 연주가 있다. 악보도, 곡명도 같지만, 두 피아니스트가 만들어내는 해석은 전혀 다른 맛을 낸다. 어떤 연주는 담백하며 절제되어 있고, 또 다른 연주는 감정이 넘쳐흐른다. 빠르기, 프레이징Phrasing[10]의 뉘앙스, 심지어 페달Pedals[11]을 밟는 방식 하나까지 달라진다. 이 차이는 비단 연주자에게만 있는 것이 아니다. 같은 곡이라도 지휘자에 따라 전혀 다른 색깔이 나오고, 곡의 분위기가 달라진다. 오케스트라의 규모와 특성, 연주 홀의 음향 구조, 계절이나 온도, 연주 당일의 분위기까지 모든 요소가 합쳐져 그 순간만의 고유한 '맛'을 만들어낸다. 바로 이것이 클래식이라는 장르가 여전히 살아 있는 이유이자, 똑같은 곡을 수십 년 동안 끊임없이 소비할 수 있는 비밀이다. 같은 피자라도 브랜드마다 맛이 다르듯, 같은 협주곡이나 교향곡이라도

[10] 선율의 구조를 파악하고 자연스럽게 분할해서 정리하는 것. 사람이 말을 할 때 흐름에 따라 단락을 맺고 끊는, 호흡하는 구간이 있듯이, 음악의 진행에서 단락과 호흡을 나누는 것을 의미한다. 연주자의 해석에 따라 달라질 수 있다.
[11] 연주의 효과를 주기 위해 발로 밟는 장치. 피아노, 하프 등의 악기에 있다.

연주자가 바뀌면 새로운 세계가 펼쳐진다. 그래서 클래식은 결코 낡지 않고, 언제나 새롭게 다가올 수 있는 것이다.

라흐마니노프 〈피아노 협주곡 제2번, 작품번호 18〉. 루간스키 연주.
S. Rachmaninoff 〈Piano Concerto No.2, Op.18〉

라흐마니노프 〈피아노 협주곡 제2번, 작품번호 18〉. 선우예권 연주.
S. Rachmaninoff 〈Piano Concerto No.2, Op.18〉

클래식을
숏폼처럼
즐기는 방법

지금 우리는 대영상의 시대, 즉 유튜브 속에 살고 있다고 해도 과언이 아니다. 더군다나 유튜브 홈에서 영상의 길이가 너무 길면 노출 클릭률도 낮고, 오히려 60초 미만의 쇼츠 영상이 더 대세로 떠오르고 있다.

그런데 클래식에도 이미 일종의 '숏폼'이 존재한다. 방대한 오페라 전체를 다 감상하지 않더라도, 짧고 압축된 형태로 오페라의 맛을 보여주는 것이 있다. 마치 영화의 예고편처럼 가장 핵심적인 장면만 담아낸 형식, 바로 서곡Overture이다.

서곡은 본편에 들어가기 전에 관객의 귀를 사로잡아 줄 준비 운동 같은 역할을 한다. 단 몇 분 안에 오페라 전체의 분위기와 주요 선율을 농축해서 보여주기 때문에, 듣는 이에게 본 공연에 대한 기대감을 높여준다. 그래서 서곡만 따로 연주되더라도 충분히 독립적인 매력을 가진다.

1. 글린카 〈오페라 '루슬란과 류드밀라'〉 중 서곡
M. Glinka 〈Opera 'Ruslan and Lyudmila'〉 Overture

글린카의 〈오페라 '루슬란과 류드밀라'〉는 러시아 국민 오페라로 여겨진다. 수많은 시련과 모험 끝에 결국 약혼자 루슬란이 그녀를 구해내고 사랑을 되찾는다는 내용이다. 작품 전체가 환상적이고 모험적인 분위기를 지니지만, 특히 서곡은 빠른 템포와 강렬한 선율로 청중을 단숨에 매혹한다. 그 덕분에 서곡만 독립적으로 연주되어도 언제나 연주의 하이라이트가 된다.

2. 모차르트 〈오페라 '피가로의 결혼'〉 중 서곡
W. A. Mozart 〈Opera 'Le Nozze di Figaro'〉 Overture

모차르트의 〈오페라 '피가로의 결혼'〉은 이탈리아 희극 오페라(오페라 부파Opera buffa)[12]의 진수를 보여준다. 비극적이고 장엄한 사랑 이야기 대신, 사회적 신분 차이와 인간 군상의 엉뚱하고 복잡한 관계를 유머러스하게 풀어낸다. 수많은 인물이 등장해 얽히고설킨 해프닝을 벌이는 이 작품은 오늘날에도 세계 오페라 무대에서 빠질 수 없는 대표 레퍼토리다. 서곡은 작품의 유쾌하고 활기찬 성격을 그대로 담아낸 음악으로, 한순간도 멈추지 않는 경쾌한 흐름이 청중에게 강렬한 첫인상을 남긴다.

---

[12] 오페라의 한 장르로서 일상적이고 서민적인 내용을 소재로 하는 이탈리아의 희극적이고 익살스러운 오페라를 이르는 말. 이와 대립되는 개념으로 영웅 이야기나 신화를 소재로 하는 정가극(오페라 세리아 Opera seria)이 있다.

30초 시대에
30분짜리 음악을
듣는다는 것

그러나 클래식의 진수인 교향곡이 평균 30분 이상임을 생각했을 때 그 곡을 어느 누가 선뜻 30분간 앉아서 들을 수 있을까? 이런 상황을 감안했을 때 클래식계에 몸 담은 유튜브 PD로서 어떻게든 클릭률을 더 끌어모으기 위해 썸네일에 많이 신경 쓰고 후킹[13] 할 수 있는 문구를 제목에 넣곤 한다. 또한 대중성 있는 이슈를 만들거나 쇼츠로도 따로 만들기도 한다. 그런 노력 때문인지 그래도 다른 클래식 공연 실황 영상보다 다행히 조회수는 잘 나오는 편이다. 그럼에도 이런 영상들은 특수한 상황에서 만들어진 조회수로, 세계적으로 봤을 때 클래식 공연 영상의 조회수는 그다지 높지 않다.

---

[13] 사람의 마음을 사로잡는, 이목을 끄는

 귀 열어, 클래식 들어간다

[4K] 클래식계의 스페이스 오디세이, 홀스트 행성 I G. Holst / The Planets, Yoel...
조회수 14만회 · 11개월 전

[4K] 진노의 그 날! 베르디 레퀴엠 I G.Verdi / Requiem, Op.48 지휘 정명훈(Myung-Whun...
조회수 135만회 · 1년 전

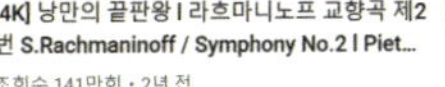

[4K] 낭만의 끝판왕 I 라흐마니노프 교향곡 제2번 S.Rachmaninoff / Symphony No.2 I Piet...
조회수 141만회 · 2년 전

CD 표지처럼 만들기 위해 서브 타이틀과 썸네일에 많이 신경 썼다.

정답 없는 감정

클래식이 어렵고 지루하다고 느껴지는 여러 이유 중 하나는 곡의 의미가 귀에 충분히 익숙하지 않기 때문이다. 대부분의 교향곡은 평균 30분 이상의 길이에, 제목도 무슨 암호처럼 길게 나열되어 있고, 가사도 없으니 말이다. 그렇다면 우리가 쉽게 들을 수 있는 대중가요와 다른 클래식만의 강점은 무엇일까?

대부분의 기악 클래식곡에는 제목과 가사가 없다. 작곡가의 의도로 부제가 붙여지지 않는 이상 대부분은 그렇다. 그저 이 곡이 작곡가의 몇 번째 작품인지, 그리고 조성과 빠르기 정보가 붙어있는 정도이다.

가사가 없다는 것은 '음악에 정해진 답이 없다'는 의미다. 발라드 가요로 예를 들어보자. 대부분의 발라드는 떠나간 사람을 그리워하거나, 사랑에 빠져 행복해하거나, 이별의 아픔을 담고 있다. 노랫말이 명확히 주는 스토리가 있다. 그래서 우리는 그 스토리를 자연스레 따라가며 감정을 느낀다. 그게 편할 때도 있다. 하지만, 때로는 이런 정해진

시나리오가 우리를 한정 짓기도 한다. '이 노래는 슬픈 노래'라고 정의되는 순간, 그 음악을 다른 감정으로 듣기 어려워진다.

　반면 클래식은 다르다. 예를 들어, 당신이 힘든 하루를 보낸 뒤 조용히 클래식 음악을 틀었다고 상상해 보자. 아무 말 없이 울려 퍼지는 현악기의 따스한 울림, 깊고 묵직한 관악기의 음색. 이 음악에는 정해진 답이 없다. 가사가 없으니, 누가 당신에게 "이 곡은 이별의 슬픔을 담은 곡이에요."라고 말하지 않는다. 이 음악은 오직 당신의 마음을 따라 흐른다. 떠나간 사람을 떠올릴 수도 있고, 반대로 꿈꾸던 행복한 순간을 떠올릴 수도 있다. 정답은 없다. 모든 것은 자신의 마음속에서 완성된다. 클래식 음악을 듣는다는 것은, 어쩌면 한없이 넓은 캔버스 위에 자신만의 그림을 그리는 것과 같다. 발라드 가요가 정해진 스토리의 영화라면, 클래식은 모든 가능성이 열려 있는 백지 같은 것이다.

　클래식은 우리에게 느긋한 사색의 시간을 준다. 음악을 듣는 동안 우리는 마치 따뜻한 욕조에 몸을 담그듯 천천히 음악에 몸을 맡기게 된다. 음악은 서서히 우리를 감싸며 위로하고, 그 안에서 우리는 각자의 이야기를 찾게 된다. 결국 클래식은 '누구도 정의 내리지 않은, 내가 완성하는 음악'이다. 오늘 내가 느낀 감정, 내가 처한 상황에 따라 매번 다르게 들릴 수 있다. 어제의 나와 오늘의 나는 다르고, 클래식도 늘 새롭다. 이 무한한 가능성이 바로 클래식 음악의 진짜 매력 아닐까?

클래식 듣는다? 이젠 힙(Hip)하다

클래식은 여전히 길고 지루한 장르라고 생각하기 쉽다. 그러나 쇼츠 Shorts와 짧은 영상이 주류가 된 지금, 아이러니하게도 그 긴 길이 덕분에 클래식은 오히려 특별하고 힙한 장르로 주목받고 있다.

강호동 협주곡

김종민 협주곡

KBS 2TV 〈1박 2일〉을 활용하여 강호동, 김종민 등 유명인의 재미있는 언행에 맞춰 협주곡을 연주한 영상이 수백만 조회수를 기록한 것처럼, 클래식은 이제 낡고 오래된 장르가 아니라 새롭게 소비하고 즐길 수 있는 롱폼Long-Form 콘텐츠로 거듭나고 있다.

이러한 변화는 체감에 그치지 않는다. 실제로 공연 시장에서 클래식이 대중음악과 뮤지컬에 이어 당당히 3위를 기록하고 있다는 사실이 아말로, "클래식을 누가 들어? 너무 길고 지루하지 않아?"라는 질문에 대한 가장 명쾌한 대답이 아닐까?

근데,
클래식은
왜 길까?

그 시절의 뮤직뱅크

　클래식이 긴 이유를 설명하려면 클래식이 가장 부흥했던 18세기로 돌아가야 한다. 지금처럼 스마트폰 하나로 언제 어디서나 음악을 들을 수 있는 시대가 아니었던 그 시절, 음악을 듣는다는 건 상류층에게만 허락된 특별한 경험이었다. 음악을 들을 기회 자체가 적었고, 라이브 공연은 더욱 귀했다.

그 시절(18~19세기)엔 이게 뮤직뱅크

귀 열어, 클래식 들어간다

　이런 상황에서 클래식 음악은 마치 지금의 뮤직뱅크처럼 큰 관심을 받았다. 유명한 작곡가는 오늘날의 아이돌처럼 대중의 사랑과 귀족들의 후원을 동시에 받았다. 하지만 중요한 차이점이 하나 있다. 당시 평민들이 클래식 공연을 듣는 건 거의 불가능했다. 왕족과 귀족들만이 클래식 음악을 즐길 수 있었고, 그래서 클래식은 곧 '하이 클래스 음악'이라는 인식을 얻게 된다.

　이런 시대적 배경 속에서 자연스럽게 귀족들은 자신들의 품격과 위엄을 보여주기 위해 음악을 적극적으로 활용했다. 그중에서도 가장 흔했던 방식은 바로 유명한 음악가들을 고용하거나 후원하는 것이었다. 요즘 말로 하면 '스타 작곡가 스카우트 전쟁'이 벌어졌다고 보면 된다. 최고의 작곡가를 자기 가문의 궁정 음악가로 데려오는 건 가문의 위상을 높이는 최고의 방법이었다. '우리는 모차르트를 직접 고용해서 연주를 듣는다'는 식으로 말이다.

　그렇다면, 이런 귀족들의 후원은 음악가들에게 어떤 의미였을까? 간단히 말하자면 안정적인 창작 환경을 보장해 주는 기반이었다. 당시 음악가들은 대중을 상대로 직접 수익을 내기 어려웠기 때문에, 후원은 생계를 유지하면서 창작에만 몰두할 수 있는 중요한 기회가 되었다. 이는 당시 음악계의 윈-윈 전략이었다고도 볼 수 있다. 귀족은 음악을 통해 가문을 과시할 수 있었고, 음악가는 작품을 꾸준히 발표할 수 있었으니까. 이런 구조는 오늘날까지도 이어져 기업의 후원과 기획사의 지원이 음악인들에게 큰 힘이 되어 주고 있다.

　베토벤, 하이든 같은 당대 최고 스타 작곡가를 가지고 있는 귀족이라면 당연히 과시하고 싶은 마음이 들 것이다. 그러므로 다른 가문들이 모이는 연회장을 열고 그들에게 보여줘야 하는데, 보통 연회는 식사와 대화가 포함되기 때문에 이에 맞게끔 긴 길이의 곡을 작곡하라고 요구하곤 한다. ‘우리 연회는 다른 가문들보다 웅장하고 고급스러워야 한다’는 경쟁심도 한몫했기 때문에 클래식 음악의 길이는 더욱 길어질 수밖에 없었다.

　그중에서도 대표적인 예로, ‘교향곡의 아버지’라 불리는 요제프 하이든J. Haydn을 들 수 있다. 하이든은 에스테르하지Esterházy 가문의 궁정 작곡가로 약 30년간 근무하며 수백 곡의 작품을 작곡했다. 그가 작곡한 총 104개의 교향곡 중 상당수가 에스테르하지 가문을 위해 쓰였다. 그의 음악은 가문의 연회와 극장에서 연주되었으며, 하이든의 창의성과 유머가 담긴 곡들은 귀족들에게 큰 사랑을 받았다.

길게, 그러나 재밌게

사실 하이든은 단순히 음악을 길고 화려하게만 작곡한 것이 아니다. 그는 긴 곡 속에서도 재미와 감동을 놓치지 않는 능력으로 귀족들과 대중 모두를 매료시켰다. 예를 들어, 그의 〈교향곡 제94번 '놀람'〉은 2악장에서 갑작스러운 강한 화음으로 청중들을 깜짝 놀라게 하며 재미를 더했다. 이런 유머 감각은 그의 음악을 단순히 배경음악 이상의 예술로 만들어 주었다.

결국 클래식 음악이 길어진 이유는 단순한 음악적 취향 때문이 아니라, 당시 사회와 문화가 요구했던 결과였다. 귀족들의 후원, 연회의 필요성, 그리고 스타 작곡가들의 창의성이 만나면서 클래식은 오늘날까지도 사랑받는 거대한 예술 형태로 발전하게 된 것이다. 그 긴 시간 속에서 음악이 담아낸 이야기는 단순히 귀족들의 과시나 유희를 넘어, 오늘날 우리에게도 여전히 깊은 감동과 즐거움을 주고 있다. 그래서 클래식의 길이는 단점이 아니라 그 시대의 풍요로움을 담은 유산이라고 볼 수 있다.

이것만은 알고 가자!
클래식 공연의
에티켓

나만 모르는 규칙이 있을까?

이렇게 클래식의 '길이'를 이해하고 나면, 어느 순간 공연장에서 그 소리를 직접 듣고 싶어질 것이다. 영상이나 음원으로는 다 담기지 않는 진짜 울림, 악기들 사이의 거리감, 연주자의 호흡까지 모두 느껴보고 싶은 것이다. 하지만 막상 공연장을 가려 하면 누구나 한 번쯤은 이런 생각이 든다. "클래식 공연에 혹시 나만 모르는 무언가가 있진 않을까?" 처음 가는 장르의 공연은 낯설 수밖에 없다. 비행기를 처음 탈 때도 신발을 벗고 타야 한다는 얘기를 들으면 잠시 흔들릴 수밖에 없는 것처럼 말이다.

클래식 공연은 분명 고유한 분위기와 암묵적인 규칙이 있는 장르다. 몰라도 관람할 수 없는 건 아니지만, 모르고 행동하다 보면 주변 관객에게 방해가 될 수 있다. 공연장을 낯선 여행지라고 생각하면 이해하기 쉽다. 처음 가는 나라의 인사법이나 매너를 간단히 찾아보듯, 공연장에도 미리 알아두면 좋은 기본 규칙이 있다. 그건 어려운 예절이 아니라, 음악을 더 깊이, 다 같이 즐기기 위한 작은 매너에 가깝다.

드레스 코드는 없다

당신은 공연장에 갈 준비를 하며 옷장을 연다. 반팔과 반바지부터 정장까지 주르르 걸려 있는 옷들 사이에서 '뭘 입고 가야 하지?' 하는 작은 고민이 든다. 클래식 공연장이라면 왠지 격식을 갖춰야 할 것 같고, 혹시 정장이나 드레스 코드라도 있는 건 아닐까 하는 걱정도 든다. 하지만 그 걱정은 간단히 정리할 수 있다.

"신분제가 사라진 프랑스 대혁명(1789) 이후, 복장은 상관없다. 단정하면 된다."

실제로 과거에는 클래식 음악이 귀족의 전유물이었다. 연주회도 귀족들의 궁정이나 살롱에서 열렸고, 그에 어울리는 격식 있는 복장이 요구됐다. 정해진 신분, 정해진 옷, 정해진 자리가 있던 시대였다. 하지만 지금은 신분제가 존재하지 않는다. 클래식은 누구나 즐길 수 있는 열린 문화이고, 공연장도 더 이상 특정 계층의 공간이 아니다. 물론 무대 위 연주자들은 예복을 입고 나온다. 하지만 관객이 꼭 연미복을 입을 필요는 없다. 너무 캐주얼하지 않게, 깔끔하고 단정하게만 입어도 충분하다.

다만 객석 양 옆의 관객들에게 소음을 유발할 수 있는 까끌거리는 점퍼나, 뒷 관객의 시야를 방해할 만한 큰 양털 파카 정도만 피하면 된다. 공연을 방해하지 않는 선에서 편안하게, 그러나 단정하게, 그 정도면 완벽하다.

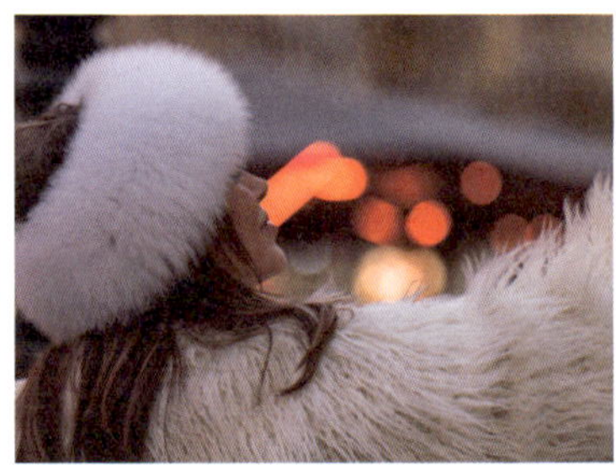

겨울 외투는 물품보관소에 맡기도록 하자.

공연 전, 꼭 알아야 할 몇 가지

당신은 튀지 않으면서도 단정한 세미 캐주얼 차림으로 공연장 로비에 도착했다. 주변을 둘러보니 많은 사람들이 들고 있는 책자가 눈에 띈다. 프로그램 북이라고 하는데, 처음엔 무엇인지 잘 몰랐지만 하나 받아서 펼쳐보니 연주자, 작품 등 오늘의 공연에 대한 설명이 적혀 있다. 내용을 가볍게 훑어보며 슬슬 공연장에 입장하려고 하는데…. 아차차! 생각해 보니 같이 보기로 한 친구가 아직 도착하지 않았다. 공연 시작 시간 이후에 도착한다는데, 공연장에 들어올 수 있을까?

"곡이 끝난 이후, 혹은 특정 악장 사이에 중간 입장이 가능하다."

클래식 공연도 여타 다른 공연과 마찬가지로 중간 입장이 가능하다. 하지만 언제 입장할 수 있는지는 반드시 로비에 있는 직원에게 확인해야 한다. 곡마다 입장할 수 있는 시간이 따로 정해져 있기 때문에, 타이밍을 놓치면 공연을 통째로 놓칠 수도 있다.

공연 시작 전, 오케스트라는 오보에의 'A(라)' 음에 맞춰 각자의 악기를 조율한다.[14] 이때 관객이 해야 할 숙제가 있다. 클래식 공연은 마이크를 사용하지 않고, 숨이 멎을 만큼 조용한 순간에 아주 미세한 음으로 음악을 시작하는 경우가 많다. 공연장 전체가 아주 조용해지는 순간이 많기 때문에, 휴대폰을 반드시 비행기 모드로 전환하고 혹시 모를 알람도 미리 꺼두어야 한다. '굳이 비행기 모드까지 해야 하나?' 싶겠지만, 이 고요한 공간에서는 진동조차 객석 전체에 울리는 경우가 있다. 특히 정각에 약을 먹기 위해 무심코 맞춰둔 알람이 갑자기 울릴 수도 있으니, 공연 전 휴대폰 점검은 필수다.

왜 악장 사이에는 박수를 치지 않을까?

당신의 친구는 숨을 헐떡이며 겨우 공연 시작 직전에 도착했다. 휴대폰을 비행기 모드로 바꾸고, 혹시 모를 알람도 확인했다. 이윽고 공연이 시작되고, 지휘자가 입장하자 우레와 같은 박수가 터져 나온다.

---

[14] 오보에 소리는 모든 악기를 뚫을 만큼 직선으로 뻗어 나가기 때문에 상대적으로 조율하기 쉽다.

한 10분쯤 지났을까, 즐겁게 음악을 감상하고 있는데 갑자기 연주가 멈춰버렸다. '어라, 끝난 건가? 지금 박수 치면 되려나?' 하는 생각과 함께 어색한 기운이 무대를 감돌기 시작하는데, 갑자기 음악이 다시 이어진다. 공연 사고처럼 보이는 이 상황, 도대체 왜 일어난 걸까?

바로 클래식 음악의 가장 큰 특징인 '악장' 때문이다. 하나의 곡은 보통 3~4개의 악장으로 이루어져 있으며[15], 이는 한 편의 긴 이야기를 몇 개의 장면으로 나누어 구성한 것이다. 영화에서 장면이 바뀌듯, 음악에서도 감정, 리듬, 속도, 분위기가 전환되며 새로운 악장이 시작된다. 각 악장은 독립적인 느낌을 주지만, 전체적으로는 하나의 서사와 감정선을 따라가며 연결된다. 작곡가는 장면이 전환되는 여백의 순간까지 고려해 곡을 만들고, 연주자 역시 그 흐름에 맞춰 연주한다. 그렇기 때문에 중간 악장이 끝났다고 박수를 치는 것은, 아직 끝나지 않은 이야기 속에 갑자기 끼어드는 셈이다.

예를 들어, 당신이 영화를 보고 있다고 상상해 보자. 어떤 시장을 배경으로 한 장면이 끝나고 화면에 '목요일'이라는 자막과 함께 학교로 장면이 전환된다. 그런데 이 타이밍에 한 관객이 벌떡 일어나 '브라보!'를 외친다면 어떨까? 영화의 흐름이 끊기며 순간적으로 몰입감이 깨져버릴 것이다. 악장 사이에 박수를 치지 않는 이유가 바로 여기에 있다.

---

[15] 클래식 곡이라고 해서 다 악장이 나뉘는 것은 아니다. 곡의 종류에 따라 악장이 있는 곡도, 없는 곡도 있다.

　　　　　　　　　　　　　　　　귀 열어, 클래식 들어간다

이 '장면 전환'에는 자연스럽게 숨을 고르는 시간이 존재한다. 악장이 끝나고 다음 악장으로 넘어가기 전, 보통 정적과 함께 약 10초 정도의 짧은 텀이 주어진다. 관객들은 그 사이 참아왔던 기침을 하거나, 물 한 모금을 마시며 다음 악장을 맞을 준비를 한다. 이 잠깐의 정적은 작품의 일부이자, 전체 흐름을 이어주는 중요한 순간이다.

세계의 공연장으로 보는 에티켓

여담이지만, 우리나라에서는 '관객 크리티컬'[16]이 종종 발생하다 보니 다른 나라는 어떨지 내심 궁금하기도 했다. 필자는 KBS교향악단의 해외 투어를 약 세 차례 동행한 경험이 있다.

일본 아시아 위크 투어 Vlog 콘텐츠

---

[16] 최소한의 관람 에티켓을 지키지 않는 것, 줄여서 '관크'라고 부른다.

영국 에든버러 페스티벌 Vlog 콘텐츠

　일본 아시아 오케스트라 위크, 영국 에든버러 페스티벌, 폴란드 쇼팽 국제 페스티벌 등 가장 가까운 나라 일본부터 클래식의 본고장 유럽까지 세계 곳곳의 공연장을 다니며 무대 뒤 현장을 카메라에 담을 기회가 있었다. 촬영 중 특히 흥미로웠던 점은 유럽의 관객 문화였다. 확실히 우리나라보다 젊은 관객은 적었고, 대부분은 연세가 지긋하신 60대 이상의 노년층이었다. 공연 전까지만 해도 여기저기서 들리던 기침 소리가 오케스트라의 첫 음이 울리는 순간 마치 약속이라도 한 듯 사라졌다. 40분이 넘는 교향곡이 연주되는 동안 휴대폰 벨소리는 물론, 기침 한 번 들리지 않았다. 열심히 공연 실황을 촬영하던 나조차도 너무나 고요한 분위기에 빠져들어 오랜만에 음악에 온전히 몰입할 수 있었다.

2024 쇼팽 국제 페스티벌 공연 KBS교향악단 실황 영상

체코 브르노 슈필베르크 국제 음악 페스티벌이 열렸던 성의 모습.
성 중앙의 천장이 뚫린 자리에서 자연이 그대로 유지된 상태로 무대를 꾸몄다.

유럽에서의 특별한 경험은 여기서 끝나지 않았다. 폴란드 공연을 마치고 체코 슈필베르크 성에서 야외 공연을 하던 날이었다. 관객들이 공연장에 입장하려면 산 정상에 자리한 성 안으로 걸어서 올라와야 했는데, 관객 대부분이 연세가 많으신 어르신들이었다. 길도 만만치 않고, 야간 공연이며, 티켓까지 따로 구매해야 하는 상황이라 '과연 사람들이 얼마나 올까?' 하는 의문이 들기도 했다. 그러나 막상 공연 시간이 되자 성 내부는 금세 관객들로 가득 찼고, 곧 만석이 되었다. 멀리 아시아에서 온 KBS교향악단의 연주를 듣기 위해 어르신들이 힘겹게 산길을 올라와 간이 좌석에 자리 잡은 모습을 보니 가슴이 벅차올랐다.

더 놀라운 장면은 공연이 시작된 뒤에 펼쳐졌다. 야외 공연 특유의 소란스러움이 전혀 없었던 것이다. 곡의 정적이 깊어질 때면, 그 순간을 방해하는 소리는 관객의 잡음이 아닌 산 정상에서 울려 퍼지는 풀벌레 소리뿐이었다. 오히려 그 자연의 소리가 음악에 스며들며, 무대와 객석이 하나의 공간으로 이어지는 듯한 특별한 경험을 선사했다.

물론 유럽이라고 해서 모든 공연이 완벽한 에티켓 속에 진행되는 것은 아니다. 다만 클래식이 우리나라보다 유럽에서 더 오랜 시간 동안 생활 속의 문화로 자리해 온 만큼, 관객으로서의 매너가 자연스럽게 몸에 배어 있다는 점은 분명했다.

반면 우리나라는 불과 2~30년 전까지만 해도 클래식 공연장에서 지금처럼 조용한 분위기를 기대하기 어려웠다. 지금도 간혹 휴대폰 알람이나 진동, 심지어 통화 소리까지 무대 위로 고스란히 전달되는 경우가 있어 아쉬움이 남는다. 하지만 분명 세월이 흐르고 클래식 인구가 늘어나면, 머지않아 우리 공연장에도 유럽처럼 더 깊이 몰입할 수 있는 관람 문화가 자리 잡게 될 것이라 믿는다.

지휘봉이 멈추는 순간, 그리고 앙코르

모든 악장이 끝났다고 해서 곡이 완전히 끝난 것은 아니다. 지휘자의 지휘봉으로 곡의 시작이 열리듯, 지휘봉이 끝까지 내려가 멈추는 순간 비로소 곡이 마무리된다. 이때 관객은 큰 박수와 환호로 오케스트라에 찬사를 보내주면 된다. 가끔 이 박수를 듣고 지휘자도 감격하여 앙코르Encore를 선사하기도 한다.

지휘봉이 내려갈 때까지 여운을 즐기는 관객들을 포착하여 만든 쇼츠 영상. 전석 매진이지만 단 한 명 도 소음을 내지 않고 여운을 느끼고 있는 굉장히 보기 드문 공연이다.

앙코르는 본 공연보다 한층 가벼운 분위기로 진행된다. 지휘자가 리듬에 맞춰 관객들의 박수를 유도하거나, 일부 공연은 카메라로 공연을 촬영하는 것을 허용하는 경우도 있다. 간혹 본 프로그램이 끝나자마자 앙코르가 있음에도 불구하고 서둘러 자리를 떠나는 관객들도 종종 보인다. 주차난을 피하기 위함이거나 급한 일정 때문일 텐데, 어쩌면 우리의 '빨리빨리 문화'가 반영된 풍경일지도 모르겠다. 긴 음악을 천천히 즐기는 공연인 만큼, 조금 여유를 내어 앙코르까지 함께 감상해 보는 것도 좋은 마무리가 될 것이다.

사실 클래식 에티켓은 이것이 전부다. 생각보다 크게 걱정할 것도 없다. 클래식은 아주 작은 소리까지 중요하게 여기는 장르이기 때문에 대부분의 에티켓은 소음을 줄이기 위한 기본적인 매너에 가깝다. 이것만 지킨다면 누구나 부담 없이 클래식 공연을 즐길 수 있다.

혹시 지금 당장 공연이 시작되기 15분 전이라 에티켓을 구구절절 읽을 시간이 없다면, 아래의 궁예 영상이 단 40초 만에 클래식 에티켓을 자극적으로 빠르게 알려주니 참고하면 좋다.

궁예가 친절하게 에티켓을 알려주는 영상. 당시 유노윤호의 음악 밈을 활용하였다.

 귀 열어, 클래식 들어간다

베토벤이 바꾼 공연장의 에티켓

클래식의 문화를 알려주는 KBS교향악단의 단편 애니메이션 '아마데우스'

사실 처음부터 클래식 공연이 조용하고 질서 있는, 음악에 온전히 집중하는 문화는 아니었다. 18세기 고전주의 시대의 음악회장은 오늘날과 사뭇 다른 공간이었다. 당시에는 클래식 음악이 귀족 사회의 오락 중 하나였고, 음악회장은 순수하게 음악 감상을 위한 공간이 아니었다. 사람을 만나기 위한 사교의 장으로 이용되기도 했으며, 연주 도중 잡담을 나누기도, 심지어 애완동물을 데려오는 관객도 있을 정도였다.

이러한 분위기는 19세기 초부터 점차 달라지기 시작했는데, 그 변화의 중심에는 베토벤의 음악이 있었다. 베토벤은 선율보다 '동기', 즉 작고 간결한 음악적 단위를 중심으로 곡 전체를 구성했다. 대표적인 예가 바로 〈교향곡 제5번〉의 도입부인 '따따따딴'이다. 이 짧은 리듬은 단순한 도입이 아니라, 이후 전 악장에 걸쳐 다양한 형태로 반복되고 변화하며 음악 전체의 구조를 이끌어간다. 이처럼 베토벤의 음악을 듣는다는 것은 단순히 아름다운 선율을 감상하는 것을 넘어, 음이 어떻게 변화하고 확장되는지 그 흐름을 따라가는 일이다. 집중할수록 숨겨진 구조가 드러나고, 몰입할수록 작곡가가 남겨둔 음악적 퍼즐이 풀리기 시작한다. 자연스럽게 딴짓을 하며 흘려듣는 것이 아닌, 조용한 환경에서 온전히 몰입해야 비로소 진가가 드러나는 것이다.

이런 베토벤의 음악이 대중적으로 퍼지기 시작하면서 청중의 태도도 변했다. 점점 더 많은 이들이 음악 자체에 집중하기 시작했고, 그에 따라 공연장은 더 진지하고 정적인 공간으로 바뀌어 갔다. 공연 중 잡담이나 소음, 무의식적인 행동이 다른 관객의 감상에 방해되는 순간들이 생기면서 음악을 온전히 감상하고자 하는 청중의 요구가 늘었고, 오늘날의 기본적인 에티켓이 자연스럽게 정착하게 되었다. 그 흐름의 시작이 바로 베토벤 시대였고, 이 문화는 지금까지 200년 넘게 이어져 오고 있다.

오늘날 우리는 언제 어디서나 음악을 들을 수 있는 시대를 살고 있다. 이동 중에도, 일하면서도, 공부하면서도 음악은 늘 주변에 있다. 하지만 음악이 이처럼 일상화된 만큼, 오히려 음악을 온전히 하나의 감각으로 집중해 받아들이는 경험은 점점 드물어지고 있다. 그래서 클래식 공연장의 문화는 특별하다. 한 공간에서 한 시간 동안 아무것도 하지 않고 오직 음악만을 듣는 행위. 이는 단순한 예절이 아니라, 현대 사회에서 거의 사라진 '몰입의 경험'을 가능하게 하는 방식이다. 바로 이 점에서 베토벤이 남긴 유산은 오늘날에도 여전히 유효하다. 음악만을 위한 시간, 음악만을 위한 공간 속에서 우리는 과거의 음악이 아닌, 지금 우리에게 의미 있는 '고전'을 다시 만나게 되는 것이다.

PART 2

오케스트라?
누구보다 쉽고 빠르게 알기

오케스트라는
어떻게
구성되어 있을까?

클래식을 조금이라도 찍먹해 보고 싶어서 공연장에 처음 왔다고 생각해 보자. 무대 위에는 족히 100명은 되어 보이는 인원이 악기를 들고 있고 앉아 있다. 다소 혼잡스러울 수 있는 무대를 보며 당신은 생각한다. "눈을 어디에 둬야 하지? 지휘자 등짝만 보면 되는 건가?" 사실 클래식 공연은 지휘자와 협연자를 주로 집중해서 보는 것도 맞지만, 그것이 클래식 공연의 전부는 아니다. 지휘자의 손길에 닿는 파트나 솔로 연주를 하는 악기를 따라가며 감정선을 느껴보는 것도 관람 포인트이다. 그렇다면 오케스트라는 어떻게 구성되어 있으며, 어떤 타이밍에 어디를 보면 더 재미있을까? 지금부터 쉽고 빠르게 짚어보자.

지휘자 Conductor

공연이 시작되면 가장 먼저 수많은 오케스트라 인원이 입장하며 앉는다. 일반적으로 오케스트라는 보통 80~120인조로 구성되어 있다.[1] 이 많은 단원의 연주를 누가, 어떻게 하나로 맞추고 이끌어갈 수 있을까?

지휘자는 오케스트라 무대에서 가장 많은 박수와 주목을 받는다. 클래식을 모르는 사람이라도 굉장히 중요한 사람처럼 보일 것이다. 실제로 지휘자는 오케스트라의 색깔을 180도로 바꿀 수 있는 매우 중요한 역할을 맡고 있다.

KBS교향악단 제9대 상임 지휘자 피에타리 잉키넨

"지휘자? 그냥 지휘봉만 휘적휘적 저으면 되는 거 아닌가?"

---

[1] 작품에 따라, 지휘자의 지시 사항에 따라 단원의 구성은 차이가 생길 수 있다.

마치 축구 감독처럼 지휘자의 역량에 따라 같은 단원들도 기적과 같은 성과를 낼 수도, 그 반대일 수도 있다.
(출처: John Doe, Wikimedia Commons)

지휘자는 축구 감독과 유사하다. 어벤져스급 축구 선수들을 데려와서 아무개 감독이 경기 전략을 짠다면…. 선수들의 개인 기량으로 어느 정도 경기가 돌아가긴 하겠지만 한계가 분명히 생길 것이다. 거기다 감독이 선수들에게 전혀 이해되지 않는 전략을 고집한다면 그 팀은 차라리 감독이 없는 편이 나을지도 모른다.

지휘의 세부적인 차이를 느끼고 싶다면 지휘자를 '요리사'에 대입해 봐도 좋다. 같은 요리라도 어떤 재료를 더 넣고 덜 넣느냐에 따라 맛이 달라지듯, 같은 작품이라도 지휘자의 선택에 따라 분위기와 흐름이 완전히 달라진다. 예를 들어 여기 지휘자 요엘 레비, 얍 판 츠베덴이 하나의 음식을 어떻게 다르게 요리하는지 극명하게 보여주고 있다. 같은 베토벤 〈교향곡 제5번 '운명'〉을 요리하지만, 요엘 레비 지휘자보다 얍 판 츠베덴 지휘자가 더 빠르게 연주하며 강조하는 음이 다르다.

베토벤 〈교향곡 제5번, 작품번호 67 '운명'〉 (상 요엘 레비 지휘, 하 얍 판 츠베덴 지휘)
L. v. Beethoven 〈Symphony No.5, Op.67 'Schicksal'〉

　그렇다고 빠르게 지휘한다고 잘하는 지휘자고, 느리게 지휘한다고 못 하는 지휘자일까? 전혀 그렇지 않다. 오히려 클래식 음악이 사랑받는 이유는 같은 곡이라도 지휘자마다 '해석'이 달라 콘텐츠가 다양하기 때문이다. 위의 두 지휘자가 그렇듯 템포, 강조하는 음 등 해석의 차이 덕분에 같은 곡이어도 평생 들을 수 있는 것이다. 짧게는 3~5분, 길게는 30분이 훌쩍 넘는 클래식을 평생 들어도 질리지 않는 이유가 바로 여기에 있다. 이것이 클래식의 매력이자 큰 장점이다. 결국, 이 해석의 차이를 만드는 요리사가 바로 지휘자이기 때문에 지휘자별 팬층이 존재하고 실황 콘서트를 찾아가는 것이다.

지휘자가 생긴 이유

하지만 처음부터 지휘자가 있었던 것은 아니다. 인류 초기의 음악은 하나의 선율만을 연주하는 단선율Monophony 형태였기 때문에 굳이 누군가가 박자를 맞춰줄 필요가 없었다. 다수의 연주자가 서로 다른 박자로 소리를 내야 하는 것도 아니었고, 음악 자체가 단순했기 때문이다. 그러나 인류가 발전하듯이 음악 또한 크게 발전했다. 단선율에서 화음이 쌓이고, 다양한 성부가 동시에 진행되는 다성음악Polyphony으로 진화하면서 누군가 단원의 앞에서 박자를 세어줘야만 음악이 제대로 흘러가게 되었다. 그 방식이 발을 구르는 것이든, 손을 흔드는 것이든, 심지어 채찍을 들든 간에 말이다!

17세기 궁정 작곡가였던 장바티스트 륄리는 이러한 문제를 '지팡이'로 해결했다. 1.8m에 달하는 긴 지팡이로 마치 대북을 치듯 바닥을 쿵쿵 찍으며 박자를 맞췄다. 여느 때와 같이 바닥을 찍으며 지휘하던 륄리는 그날따라 음악이 신났는지 지나치게 힘이 들어간 탓에 바닥이

귀 열어, 클래식 들어간다

아닌 자신의 발등을 찍어버렸고, 결국 패혈
증으로 사망하는 일이 발생했다. 그럼에도
이 지휘 방식은 발로 쿵쿵거리거나 박수
를 치는 것보다는 위엄 있고 멋있기도 해
서 18세기까지 가장 효율적인 지휘 방식으
로 사용되었다. 그러다 독일의 작곡가 '카
를 마리아 폰 베버C. M. von Weber'가 음악
에 방해되지 않으면서도 박자를 원하는 대
로 이끌어갈 수 있는 오늘날의 지휘봉을 고안해 냈다.[2]

최초의 지휘자 장바티스트 륄리
J.-B. Lully, 1632~1687

　물론 지휘봉이 표준화되었다고 해서 모든 지휘자가 똑같은 지휘봉
을 쓰는 것은 아니다. 표준 형태 위에서 각자의 '해석'을 더하듯, 지휘
봉에도 지휘자의 취향과 철학이 담기곤 한다. 예를 들어, 정기연주회
지휘자와 협연자를 초대하여 인터뷰하는 'Nice To Matthew!' 콘텐츠
에서 정명훈 지휘자를 게스트로 모신 적이 있다. 정명훈 지휘자는 지
휘봉에 대해 굉장히 중요하게 생각하는데, 프랑스 집에 올리브 나무를
심고, 그 나무가 자라면 직접 깎아서 독특한 형태의 지휘봉을 만든다
고 한다.

---

[2] 낭만주의 시대 초기의 독일 출신 작곡가인 루이스 슈포어 Louis Spohr가 최초였다는 주장도 있다.

정명훈 지휘자 KBS교향악단 인터뷰 영상

정명훈 지휘자의 올리브 나무로 만든 지휘봉(추정)

연주자에게 '좋은 지휘자'란?

연주자의 입장에서 보면, 지휘자는 단순히 지휘만 잘해서는 안 된
다. 어느 정도 경력이 쌓이면 박자에 맞춰 지휘봉을 흔드는 일은 누구

　　　　　　　　　　　　　　　　　　　　귀 열어, 클래식 들어간다

나 할 수 있다. 당연히 음악적 해석과 전문적인 지식은 어떠한 단원들보다 깊어야 하지만, 무엇보다 중요한 자질은 '리더십'이다. 사람은 누구나 자신만의 주관과 고집이 있다. 더욱이 예술을 업으로 하는 사람이라면 더욱 그렇다. 그런 사람들이 100명 이상 모여 있다고 생각해 보자. 이들을 이끌 리더십이 없다면, 아무리 지휘자가 지휘봉을 흔들어도 연주자들은 절대 따라가지 않을 것이다.

무대의 뒤쪽, 지휘자와 정면 방향에서 열심히 지휘와 악보를 번갈아 보며 연주 중인 필자를 확인할 수 있다.
(트럼펫 멜로디 구간 바로가기, 43:02~)

반면 리더십이 뛰어난 지휘자는 100명의 단원을 하나로 응집시킨다. 어떤 지휘자는 단원들에게 자신의 해석을 '설득'하기도 하고 '강요'하기도 하지만, 결국 좋은 지휘자는 각기 다른 생각을 가진 연주자들을 하나의 마음으로 만들어낸다. 단원들이 지휘자의 마음을 이해해야 관객들도 온전히 지휘자의 해석을 느낄 수 있으니 말이다.

여담이지만 많은 연주자가 공감하는 '좋은 지휘자'의 조건 중 하나는 짧고 굵게 연습을 끝내는 지휘자이다. 보통 공연 2~3일 전 모여서 합주 연습을 하는데,[3] 예정된 연습 시간보다 30분이라도 일찍 끝내면 단원의 민심이 좋아진다. (물론 이 방법은 양날의 검이다. 충분히 앙상블이 갖춰졌다고 판단될 때만 가능하다.) 반대로 곡의 특정 부분을 무한 반복시키

---

[3] 프로 오케스트라에게 공연 전 주어진 연습 일정은 곡을 연습하는 시간이 아니다. 오로지 지휘자와의 합을 맞추기 위한 시간이다.

거나, 단원들에게 너무 강압적으로 대하거나, 악기 구조와 곡에 대한 전문 지식 없이 단순히 '내 말이 맞다'는 식의 주장을 밀어붙이면 지휘자에 대한 평가가 나빠지기도 한다.

필자의 한예종 재학 시절, 직접 지휘도 했었다. 빅밴드를 꾸려 한예종 정기연주회의 앙코르를 맡았다.

지휘자는 한 가지만 잘해서는 성공할 수 없다. 흔히 말하는 '육각형'처럼 리더십, 테크닉뿐 아니라 '스타성'도 있어야 한다. 지휘자는 오케스트라의 얼굴이기 때문이다. 단원들만 사로잡았다고 해서 티켓이 잘 팔리지는 않으며, 관객들이 좋아하는 요소들도 같이 챙겨야 한다. *(예컨대 지휘봉을 현란하게 휘두르는 퍼포먼스라든지, 뛰어난 외모를 가지고 있든지, 원래 유명한 사람이든지 말이다.)* 또한 현실적으로 오케스트라 운영은 시의 지원에 큰 영향을 받기 때문에, 행정 관계자들과의 소통 능력, 인맥 관리 능력, 정치력 역시 필요한 역량이다. 이런 점들을 고려하면 지휘

　　　　　　　　　　　　　　　　　　　　　　귀 열어, 클래식 들어간다

자는 확실히 쉬운 직업은 아니다.

하지만 의외로 지휘자의 직업 만족도는 항상 상위권을 차지한다. 자신의 의도와 해석대로 움직이는 오케스트라에서 카타르시스를 느끼며 음악에 취할 수 있고, 직업 안정성으로 봤을 때도 많은 직업이 정년을 맞는 나이가 오히려 전성기라고 평가되기도 한다. (아 물론, 아시아인으로서 세계를 누비며 제대로 된 개런티를 받는 지휘자는 상위 1%에 불과하지만….)

악장 Concert Master[4]

모든 지휘자가 특별히 악수까지 해주는 이 연주자의 정체는?

---

[4] 곡의 독립된 각 부분을 이르는 말인 악장(mov.)과 이름은 같지만 다른 의미이다.

공연이 끝나고 관객들의 박수가 터져 나온다. 지휘자는 만족한 듯 웃음을 지으며 지휘대Podium를 내려오는데…. 이때 옆에 단원으로 앉아 있던 한 바이올리니스트와 악수한다! 아니, 저 연주자는 협연자도 아니고 지휘자만큼 중요해 보이지도 않는데 왜 특별 대우를 받는 것일까?

그는 바로 단원이지만 특별한, 다름 아닌 오케스트라의 주장이라 할 수 있는 '악장Concert Master'이다. 오케스트라에서 악장은 제1바이올린[5] 파트의 수석 연주자로서, 지휘자와 단원 간의 중요한 연결 고리 역할을 한다. 악장은 리허설과 공연에서 지휘자의 해석을 단원들에게 전달하고, 바이올린 파트의 연주 방향을 결정하며, 전체적인 음악의 일관성을 유지하는 역할을 한다. 지휘자와 가장 많이 소통하는 단원이자, 때로는 단원들의 의견을 모아 지휘자에게 직접적으로 요구할 수 있는 '대표자'이기도 하다. 이 때문에 악장은 지휘자 다음으로 중요한 역할, 혹은 지휘자와 동급에 가까운 영향력을 가진다.

그렇다면 왜 하필 바이올린이 악장을 맡는 걸까? 바이올린은 주로 곡의 멜로디를 연주하기 때문에 밴드의 보컬처럼 리드 역할을 한다. 공연을 보다 보면 수십 명의 바이올린 연주자들이 어떻게 활의 방향을 똑같이 맞추는지 궁금증이 생길 수 있는데, 이를 정하는 것도 악장의 몫이다. 이런 이유로 바이올린은 지휘자의 역할을 보조적으로 수행

---

[5] 오케스트라에서 바이올린은 제1바이올린, 제2바이올린으로 나뉘며, 제1바이올린은 주로 높은 음역대에서 멜로디를 연주한다.

 귀 열어, 클래식 들어간다

할 수 있는 것이다.

악장은 어떻게 선발될까?

악장은 손흥민, 박지성처럼 팀의 주장 같은 존재이다.

"그럼 바이올린 단원으로 오래오래 다니면 악장도 할 수 있는 건가?"

오케스트라는 직장과 비슷하지만 매우 다르다. 한국의 여느 직장과 다르게 오래 다닌다고 자동으로 승진하는 시스템이 아니다. 직장에서 '팀장' 자리가 비어 있으면 차장급이나 이미 오래 다니고 있는 직원을 앉히는 게 일반적이지만, 오케스트라 악장이나 각 파트의 수석은 별도의 오디션을 통해 선발된다. 이미 오케스트라의 단원이든 수석이든 상관없이 말이다. 어떻게 보면 오로지 '실력'으로 승부하는 낭만(?)있는 조직이다. 물론 악장이 된 이후에도 '실력'이 없으면 순식간에 잘리는 것도 가능하다.

악장이 지휘자보다 더 큰 영향력이 있다면?

"우리가 당신의 지휘에 연주해 주는 것을 영광으로 아시오!"

오스트리아의 빈을 거점으로 활동하는 '빈 필하모닉 오케스트라'(이하 '빈 필')는 독일의 베를린 필하모닉 오케스트라와 함께 세계 오케스트라의 양대 산맥으로 불리고 있다. 1842년 창단한 빈 필은 긴 역사만큼 독특한 특징을 갖고 있다. 바로 상임지휘자가 없다는 것이다. 빈 필의 중심은 3~4명의 악장이며, 지휘자는 공연마다 단원들의 투표를 통해 객원으로 부른다. 신입 단원으로 빈 필에 입단하면 일생의 전부를 빈 필에서 연주하게 되며, 더 이상 연주하기 힘든 나이가 되어도 자신의 제자나 후배들 또는 빈 스타일의 음악을 정확히 아는 연주자여야만 겨우 세대가 교체되곤 한다.

 귀 열어, 클래식 들어간다

빈 필하모닉 오케스트라. '비엔나 필하모닉'으로도 불리며, 신년 음악회로도 유명하다.

단원도 이런데, 악장의 영향력은 더욱 클 것이다. 그래서 아무리 유명한 지휘자라고 해도 단원의 대표인 악장의 입김이 더 셀 수밖에 없다. 그럼에도 빈 필을 지휘하는 것은 세계 최고의 악단을 지휘하는 것이나 마찬가지이니 악장과 단원들의 의견을 존중할 수밖에 없다. 이는 적어도 내부적으로 의견 충돌 없이 안정된 공연 운영이 가능하다는 뜻이기도 하다.

현악기
String

다수의 현이 만들어내는 하나의 선율, 현악기

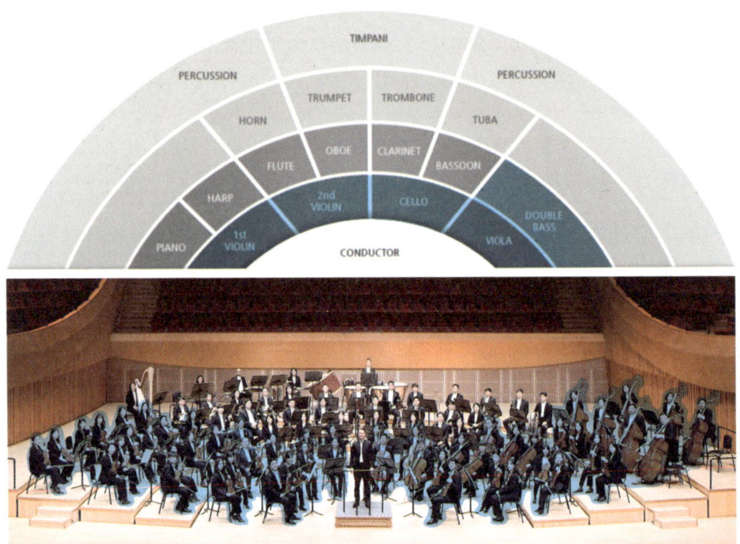

현악기는 오케스트라에서 지휘자와 가장 가까운 위치에서 호흡하며, 연주 내내 쉬지 않고 활을 그어 음악의 흐름을 이끈다. 부드럽고 따뜻한 음색부터 강렬하고 극적인 음색까지 폭넓게 표현해 음악적 감수성을 전하는 중요한 매개체이기도 하다. 오케스트라의 중심을 이루는 악기군으로서 대부분의 주된 멜로디를 맡고 있으며, 특히 바이올린은 선명하게 멜로디를 이끌어가는 대표적인 악기다. 바이올린, 비올라, 첼로, 더블베이스로 구성된 현악 파트만으로도 소프라노, 알토, 테너, 베이스의 전 음역대를 갖출 수 있어, 이들만으로도 오케스트라의 기본 형태가 성립된다고 볼 수 있다.

 **쓸데없고 근거 없는 TMI**

1. 내가 본 현악기 연주자들은 대체로 내성적이고 조용한 편이었다. 가끔 외향적인 연주자도 볼 수 있는데, 그런 경우 극도로 외향적일 확률이 높다.
2. 현악기는 나무로 만들어진 특성상 온도와 습도에 따라 음색이 달라지기 때문에 보관과 관리에 크게 신경 써야 한다.

바이올린 Violin

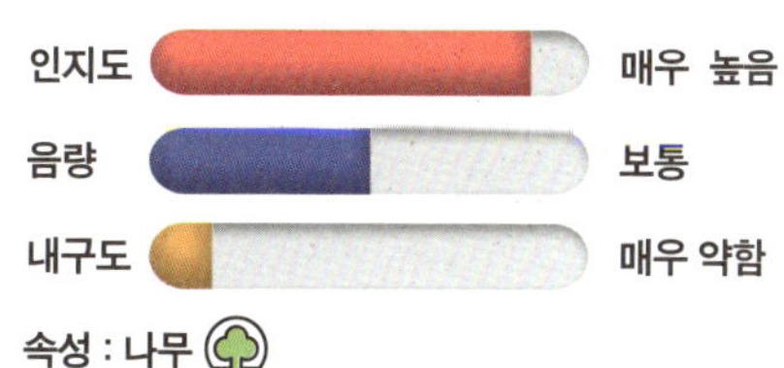

"입문은 다소 쉽지만 욕심내면 끝없이 어렵고, 상상초월로 비싸진다. 악장으로 승진 가능."

지휘자 기준 왼쪽에 있는 악기가 바이올린이다. 우리가 너무나도 잘 아는 그 악기가 맞다. 바이올린은 16세기 초 이탈리아에서 탄생했는데, 당시 '비올족'[6]이라 불리던 악기 가족에서 독립한 막내였다. 형들인 비올라와 첼로는 '너무 크고 우아하다'라고 생각했던 걸까? 바이올린은 더 작고 높은 음으로 "나만의 길을 가겠다"라고 선언했고, 낮은 음역부터 높은 음역까지 폭넓게 소화하는 악기가 되었다.

클래식 전공자가 악기를 들어달라고 하면 무조건 피해라. 아주 잠깐만 들어달라고 해도 칼 같이 거절하도록 하자. (해당 영상은 330만 조회수를 넘어가고 있다.)

현악기 중에서도 바이올린이 평균적으로 가장 비싼 편에 속한다. 일례로, KBS교향악단 제798회 정기연주회에 바이올리니스트 요제프 슈파체크가 협연

---

[6] 1400년대에 발달해 1750년경까지 주로 사용된 현악기군.

   귀 열어, 클래식 들어간다

자로 온 적이 있다. 그가 당시 연주했던 악기는 1732년산 '과르네리 델 제수'[7]였으며, 같은 제작자의 1741년산 바이올린이 179억 원에 팔린 기록이 있기 때문에 그에 상응하는 가치를 지니지 않았을까 추정하고 있다. 물론 개인 연주자들이 이런 고가 악기를 직접 구매하는 경우는 드물고, 보통은 소속사나 재단에서 렌탈 형식으로 제공하는 방식이 일반적이다.

기본적으로 현악기는 유럽산 가문비나무Spruce와 단풍나무Maple로 만들어지며, 이 나무들은 음향적인 특성이 뛰어난 것으로 평가받는다. 나무가 적절히 건조되고 숙성되기까지 수년, 때로는 수십 년이 걸리기 때문에 다른 오케스트라 파트와 달리 가격대가 상당히 높다. 금속 재질이 아니기 때문에 파손의 위험이 매우 크고, 온도와 습도에도 각별히 신경 써야 해서, 마치 아기를 다루듯 애지중지해야만 한다. 또한 현악기는 연주할수록 더 깊은 소리가 나게 되고, 특히 유명 아티스트가 사용했던 악기일수록 시간이 지남에 따라 가치와 희소성도 급상승하게 된다.

바이올린은 음역대만큼이나 가격대도 다양해 10만 원대의 취미용 악기로도 충분히 시작할 수 있다. 누구나 아는 악기인 만큼 취미 인구도 압도적으로 많고, 입문 난이도도 비교적 낮은 편이다. 다만 배우면

---

[7] 세계 3대 명품 바이올린으로 꼽힌다.

배울수록 기술적 난이도가 기하급수적으로 올라가는 것이 특징이다.

오케스트라에서 바이올린은 유일하게 악장(콘서트 마스터)을 맡을 수 있는 파트이며, 화려한 협주곡 레퍼토리가 매우 많고, 표현할 수 있는 영역 또한 넓다. 늘 주된 멜로디를 담당하는 만큼, 바이올린은 오케스트라에서 굉장히 중요한 비중을 차지하는 악기이다.

KBS교향악단 단원이 말하는 Q&A
제2바이올린 박서현 단원 

Q. 오케스트라에서 바이올린은 무슨 역할을 맡고 있나요?

A. 바이올린은 오케스트라의 중심이라 할 수 있습니다. 단원이 가장 많아 오케스트라의 핵심적인 소리를 만들어내고, 주로 멜로디를 연주하며 음악의 흐름을 이끌어갑니다.

Q. 많은 악기 중에 바이올린을 전공한 이유가 무엇인가요?

A. 어릴 적 피아노와 바이올린을 모두 배웠는데, 두 악기 모두 좋아했지만 바이올린이 더 재미있었고, 실력도 빠르게 늘었습니다. 그렇게 열심히 하다 보니

자연스럽게 전공으로 이어져 어느덧 20년이 되었네요.

Q. 다른 악기들과 비교할 때 바이올린만의 장점이 있나요?

A. 바이올린은 오케스트라에서 가장 큰 비중을 차지하며, 귀에 편안하면서도 매력적인 소리를 냅니다. 음역대가 넓고 다양한 소리를 표현할 수 있어 독주 악기로도 손꼽히고, 피아노와 더불어 가장 방대한 레퍼토리를 지니고 있습니다. 다양한 음색과 화려한 기교를 표현할 수 있다는 점이 특별한 매력입니다.

Q. 제1바이올린과 제2바이올린의 차이는 무엇인가요?

A. 제1바이올린은 주로 높은 음역대에서 멜로디를 연주하고, 제2바이올린은 이를 받쳐주는 내성[8]을 연주합니다. 두 파트가 합쳐질 때 더욱 풍성한 바이올린의 소리가 완성됩니다.

Q. 바이올린을 하면 성격이 예민해진다는 말이 있는데, 사실인가요?

A. 연주할 때만큼은 예민해질 수 있다고 생각합니다. 고음을 오래 듣다 보면 예민해질 수 있고, 좁은 지판[9]에서 미세한 손가락 각도 하나로 음이 바뀌기 때문에 이를 정확히 맞추기 위한 반복 연습도 영향을 주는 것 같습니다.

Q. 온도와 습도에 민감한 악기라고 들었습니다. 평소 어떻게 관리하시나요?

A. 바이올린은 나무로 만들어진 악기로 온도와 습도 관리가 매우 중요합니다. 여름에는 악기 케이스에 제습제를 넣고, 겨울에는 댐핏(악기용 가습 스펀지)을 꼭 사용합니다. 개인적으로 기억에 남는 일화로, 고등학교 입시 실기시험 날 추운 날씨 탓에 활의 부품이 망가져 활이 조여지지 않는 상황이 발생했습니

---

[8] 화성 중 가장 높은 음과 가장 낮은 음 사이의 파트.
[9] 현악기의 음을 짚는 기다란 판.

다. 여분의 활은 활털이 오래되어 친구에게 빌려야 하나 고민이 많아졌지만, 송진[10]을 많이 바르고 무사히 연주하였고 다행히 합격할 수 있었습니다. 그날 이후 온도 습도 관리의 중요성을 절실히 깨달았습니다.

Q. 바이올린은 왜 그렇게 비싼가요?

A. 바이올린은 주로 이탈리아 북부나 독일의 귀한 가문비나무로 만들어지며, 전 과정이 장인의 손으로 이루어집니다. 특히 200년 이상 된 올드 바이올린은 오랜 세월에 거쳐 여러 바이올리니스트에 의해 소리가 길들며 시간이 지날수록 더 깊은 소리를 내죠. 장인의 수작업으로 만들어진 악기의 수는 한정적이기에 그 희소성과 가치가 높아집니다.

Q. 바이올린 파트는 많은 연주자들이 활 방향과 호흡까지 맞추던데, 어떻게 가능한 건가요?

A. 활 방향은 지휘자 선생님이나 악장 선생님이 결정합니다. 정해진 보잉 Bowing[11]으로 리허설을 시작하지만, 상황에 따라 리허설 중간에 수정하기도 합니다. 활 방향만 바뀌어도 음악의 분위기가 달라지기 때문에 리허설 과정이 꽤 흥미롭습니다. 호흡도 매우 중요한데, 여느 악기와 마찬가지로 현악기도 음악의 흐름을 살리기 위해 호흡을 해야 합니다. 악기를 배우는 과정에서 음악에 맞춰 호흡하는 것 또한 배우고 연습하다 보니, 특별히 단원들끼리 호흡에 대하여 소통하지는 않지만 자연스럽게 하나로 호흡하게 됩니다.

Q. KBS교향악단 생활을 하면서 가장 보람찬 순간은?

A. 연주가 끝난 후 퇴근길에 마주친 관객분께서 환한 표정으로 "연주가 정말 좋았다"라고 직접 인사해 주실 때가 있습니다. 그럴 때 가장 큰 행복과 보람

---

[10] 현과의 마찰을 가감하기 위해 활털에 문질러 바르는 도구.
[11] 현악기에서 활을 사용하는 가장 기본적인 주법.

 귀 열어, 클래식 들어간다

을 느낍니다.

Q. 앞으로의 꿈은 무엇인가요?

A. KBS교향악단이 세계적으로 인정받는 오케스트라로 성장하는 여정에 함께
하며 오래 연주하고 싶습니다.

 **쓸데없고 근거 없는 TMI**

> 1. 바이올린은 가격대의 폭이 정말 넓다. 저렴하면 너무 저렴하고, 비싸면 한없이 비싸
> 지는 악기이므로, 만약 의자 위에 바이올린이 놓여 있다면 근처에 얼씬도 하지 말자.
> 2. 바이올린은 고음역대를 귀 바로 옆에 붙여 놓고 연주하는 악기다. 섬세한 고음을
> 가까운 거리에서 지속적으로 컨트롤해야 하는 예민한 악기이다.

비올라 Viola

"바이올린과 첼로 사이의 애매한 무언가? 하지만 반드시 필요한 악기!"

비올라는 오케스트라에서 흔히 '중간의 연결고리' 역할을 한다. 음
역은 바이올린보다 낮고 첼로보다는 높은 중음역대로, 두 악기의 소리

를 부드럽게 이어주는 음향적 중심이다. 바이올린은 주로 높은 멜로디 라인을 담당하고, 첼로는 낮은 베이스 역할을 맡지만, 비올라는 화성을 채우고 음악의 깊이를 더해주는 역할을 한다. 특히 특유의 따뜻하고 부드러운 소리는 오케스트라 전체의 색채를 풍부하게 만들어주며, 비올라가 빠지면 음악이 어딘가 휑하게 느껴질 정도이다.

클래식 장르에서 반드시 필요한 악기이지만 다른 현악기에 비해 대중 인지도가 낮고, 뚜렷하게 주인공이 되는 경우는 많지 않다. 예컨대 보통 솔리스트로 활동하려면 오케스트라와 협연할 곡의 레퍼토리가 있어야 하는데, 비올라는 바이올린이나 첼로처럼 이렇다 할 협주곡이 많지 않기 때문이다. 눈에 잘 띄지 않고 설움도 많지만, 마치 요리에 감칠맛을 더해주는 다시다처럼 음악에 없어선 안 될 중심축이자 오케스트라 사운드의 숨은 주역이다.

KBS교향악단 단원이 말하는 Q&A
비올라 박새롬 단원 

귀 열어, 클래식 들어간다

Q. 오케스트라에서 비올라는 무슨 역할을 맡고 있나요?

A. 비올라는 바이올린보다 낮고 첼로보다는 높은 음역인 중간 알토 성부를 맡고 있어서 전체 소리를 더 풍성하고 따뜻하게 만들어 줍니다. 건축으로 비유하면 벽돌과 벽돌 사이를 잇는 시멘트 같은 존재라고 할 수 있습니다. 만약 오케스트라에 비올라가 빠진다면 그윽하고 따뜻한 소리가 없는, 차가운 오케스트라가 될 것 같습니다. 눈에 잘 띄지는 않지만, 없으면 바로 티가 나는 '숨은 주역'이라고 볼 수 있겠네요.

Q. 많은 악기 중에 비올라를 전공한 이유가 무엇인가요?

A. 비올라 특유의 부드럽고 따뜻한 음색에 매력을 느꼈던 게 가장 컸습니다. 화려한 바이올린이나 웅장한 첼로처럼 확실한 특징보다는, 둥글둥글한 중간 음역대로 있는 듯 없는 듯 은근하게 자기만의 색을 드러내는 악기라 마음이 편안해졌고 자연스럽게 끌렸어요!

Q. 비올라는 유독 바이올린을 전공하다가 넘어오는 사례가 많던데, 왜 그런 걸까요?

A. 저도 그런 경우인데요! 아무래도 비올라보다 작은 바이올린이 테크닉 연습에 더 수월합니다. 또한 테크닉을 다지기 위해 에튀드[12]를 연습할 때, 크기가 큰 비올라에 비해 바이올린은 자세가 틀어지며 몸에 무리가 갈 위험도 훨씬 적습니다. 그래서 기초를 다질 때는 바이올린으로 시작한 뒤 비올라로 넘어오는 경우가 많아요.

---

[12] 테크닉 연습을 목적으로 쓰인 연습곡.

Q. 다른 악기들과 비교할 때 비올라만의 장점이 있나요? 단점도 있다면?

A. 장점은 따뜻하고 서정적인 음색으로 고음(바이올린)과 저음(첼로, 베이스) 사이를 연결해 오케스트라의 소리를 풍성하게 만든다는 점입니다. 솔로 악기로서 비올라를 위한 협주곡이나 소나타가 많진 않지만, 이는 오히려 차별화된 개성으로 작용하기도 합니다. 또한 현악 4중주 등의 실내악[13]에서는 은근한 존재감을 드러내며, 선율과 화음을 동시에 소화할 수 있어 음악적 유연성이 큰 악기이기도 합니다. 반면, 단점이자 비올리스트들의 서러움으로는 애매한 크기 때문에 팔이 길고 손이 크지 않다면 처음부터 바로 비올라를 배우기가 쉽지 않다는 점이 있습니다. 오케스트라에서 주로 중간 성부를 맡다 보니 화려한 멜로디를 연주할 기회가 적기도 합니다. 실제로 '비올라 소리는 잘 안 들린다'라는 농담이 있을 정도로 눈에 띄지 않는 경우도 많아요. 또한, 솔로곡 레퍼토리가 상대적으로 적은 것도 사실입니다.

Q. 주선율을 담당하지 않는 만큼, 다른 솔로 악기(바이올린 등)들이 부러웠던 적이 있나요?

A. 저는 오히려 다른 솔로 악기들의 멜로디를 더 돋보이도록 반주해 주는 역할이 참 보람 있습니다. 반주 속에서도 나름의 선율이 있어서 그런지 전혀 부러웠던 적은 없습니다. 가끔 알토 음역대의 주선율을 맡을 때면 더 짜릿함(?)이 느껴지는 것 같습니다! *(물론 그만큼 더 떨리기도 하지만요.)*

Q. KBS교향악단 연주활동을 하면서 가장 보람을 느낀 순간은 언제인가요?

A. 벌써 10년 차가 되었다는 게 아직 실감이 나지 않는데요. 더 오래되신 선생님들에 비하면 아직 갈 길이 멀었지만, 연주하며 보람차고 벅찬던 순간들이

---

[13] 2~10명 내외의 연주자가 지휘자 없이 함께 음악을 만들어가는 소규모 합주곡.

귀 열어, 클래식 들어간다

주마등처럼 스쳐 지나가긴 합니다. 그 중, 어렵고 힘든 곡을 지휘자와 함께 리허설하며 KBS교향악단만의 음악으로 만들고, 무대에서 단원들과 한 호흡으로 연주할 때 가슴 깊숙한 곳에서 끓어오르던 것이 생각납니다. 해외 투어에서 연주한 〈아리랑〉 또한 잊을 수 없는 기억이네요!

Q. 앞으로의 꿈은 무엇인가요?

A. 체력과 건강이 받쳐준다면 20대부터 60대까지 연령대마다 베토벤 〈교향곡 '합창'〉을 연주하며 연륜에 따라 달라지는 해석을 경험해 보고 싶습니다. 또한 같은 곡을 연주해도 지휘자에 따라 달라지는 해석으로 '이 곡이 이런 곡이었나?' 하는 음악의 힘을 느끼며, 앞으로도 무대에서 행복하게 연주할 수 있는 비올리스트가 되었으면 좋겠습니다!

 **쓸데없고 근거 없는 TMI**

> 1. 바이올린에서 크기만 커진 느낌이 드는데, 실제로 구조가 비슷하다고 한다. 그래서 종종 바이올린을 연주하다가 비올라로 전향하는 경우가 많다.
> 2. 멜로디를 받쳐주는 역할을 주로 하기 때문에 주목을 덜 받는 악기이다. 그래도 중음역대를 든든하게 책임지기 때문에 비올라는 없어서는 안 된다.

첼로 Cello

"때론 중후하게, 때론 여리게, 사람의 목소리와 가장 닮은 악기"

첼로는 종종 사람의 목소리와 가장 닮은 악기로 불린다. 중저음역에서는 남성의 음색과 비슷한 따뜻한 울림을 내고, 고음역에서는 여성의 목소리를 연상시키는 부드러운 소리를 들려준다. 이러한 폭넓은 표현력 덕분에 첼로는 다양한 감정을 가장 자연스럽게 전달하는 악기로 사랑받는다.

첼로는 바이올린, 비올라와 같은 현악기이지만 크기는 바이올린의 두 배에 달한다. 이 말은 접근성은 좋지만, 그만큼 운반하기에 수고스럽다는 이야기가 된다. 실제로 들어보면 10kg짜리 쌀 포대를 드는 느낌과 비슷하다.

2018 KBS교향악단 실내악시리즈 I - 더 첼로

또 하나의 가장 큰 특징은 의자에 앉아 악기를 다리 사이에 두고 연주한다는 것이다. 마치 첼로를 스윗하게 안고 연주하는 듯한 독특한 자세는 첼로의 울림을 몸 전체로 전달해 주며, 연주자의 감정과 표현을 더욱 풍부하게 만들어 준다.

Q. 오케스트라에서 첼로는 무슨 역할을 맡고 있나요?

A. 첼로는 모든 곡에서 음악의 기둥이 되는 중저음을 맡고 있습니다. 첼로는 중저음과 고음역까지 넓은 음역대로 다채로운 악기 음색을 가지고 있어서 멜로디와 전체적인 곡의 리듬 연주를 병행하고 있습니다.

Q. 많은 악기 중에 첼로를 전공한 이유가 무엇인가요?

A. 어릴 때는 무조건 큰 게 좋았습니다. 그중에서도 첼로를 선택한 이유는 소리가 너무 따뜻하더라고요. 앉아서 연주하는 안정감도 하나의 이유였습니다.

Q. 첼로 아래에 달린 뾰족한 건 왜 이렇게 생긴 건가요? 발등이라든지 찔려보신 적이 있나요?

A. 첼로는 '엔드핀'이라는 기구를 통해 바닥에 고정하고 악기를 무릎 사이에 놓고 연주합니다. 엔드핀의 종류와 성질에 따라 악기 소리가 더 따뜻해지거나 강렬해지는 효과가 있습니다. 뾰족한 모양 탓에 바닥이 파손될 수 있으며, 발등에 찍히면 바로 응급실행이기에 늘 조심히 다룹니다.

Q. 발밑에 T자 모양의 나무를 대고 연주하던데, 이것의 정체는 무엇인가요?

귀 열어, 클래식 들어간다

A. 의자에 고정해서 엔드핀이 움직이지 않게 도움을 주는 장치입니다. 엔드핀
이 바닥에 고정되지 않는 경우에는 첼로 전용 T자, Y자를 이용합니다. 모양
이 T, Y처럼 생겨서 붙은 이름이고요.

**Q. 무조건 앉아서 연주해야 하는 악기로 알고 있는데, 그만큼 움직임에 제한이
있을 것 같아요. 서서 연주하고 싶은 욕심은 없으신가요?**

A. 첼로는 온몸을 이용해서 지탱하고 감싸서 연주하는 악기입니다. 연주할 때
위치의 이동은 불가하나 상체를 앞뒤, 좌우로 움직일 수 있기에 음악 표현에
있어서 불편한 점은 없는 것 같습니다. 간혹 크로스오버 연주자는 서서 하기
도 합니다. 개인적으로 욕심은 없으나 서서 연주하면 제 기량을 뽑아내기가
어렵습니다.

**Q. 첼로 연주하는 모습을 보면 마치 사람을 안으며 연주하는 것 같은데, 실제
로도 사람을 포옹하는 느낌이 드나요?**

A. 네, 맞습니다. 모든 악기 중에 심장과 가장 가까이 있는 악기입니다. 그래서
악기와 더욱 교감이 되는 것 같습니다. 첼로를 잘 안는 자세를 배우는 게 기
본 중에 기본입니다.

**Q. 몸 대부분이 첼로와 맞닿아 있다 보니 악기 소리와 진동이 몸에 고스란히
전해질 것 같아요. 진짜 그런가요? 연주가 끝나면 다리가 진동 때문에 후들
거리기도 하나요?**

A. 악기 소리는 대부분 앞판 f-hall(울림 구멍)을 통해서 나가지만, 진동은 전체 악
기에서 발생하여 온몸으로 진동을 느낄 수 있습니다. 좋은 연주는 가슴을 울
리는 진동이, 안 좋은 연주는 귀를 찌르는 진동이 있습니다. 다리를 고정하
지만 엔드핀 덕분에 다리로 악기를 꽉 잡아야 하는 부담이 없어서 다리까지
진동이 전달되는 양은 적습니다.

Q. KBS교향악단 연주활동을 하면서 가장 보람을 느낀 순간은 언제인가요?

A. 입사 15년 차지만 매년, 매 연주가 보람됩니다. 가족 같은 따뜻한 연주자들과 웃으며 서로 호흡하는 자체가 행복입니다. 이 인터뷰를 하는 순간도 보람되고요.

Q. 앞으로의 꿈은 무엇인가요?

A. 입사하고 이제 반환점까지 온 것 같습니다. 가족 같은 평생 직장 KBS교향악단에서 부상 없이 행복하게 은퇴하고 싶습니다.

 **쓸데없고 근거 없는 TMI**

> 1. 첼로는 실제로 보면 생각보다 크고 묵직하다. 운반이 쉽지 않고 온도, 습도 관리에도 민감하지만, 그럼에도 바이올린과 함께 현악기 인기의 양대 산맥으로 꼽힌다. 아마 첼로만의 독보적인 음색 덕분일 것이다.

더블베이스 Double Bass(콘트라베이스)

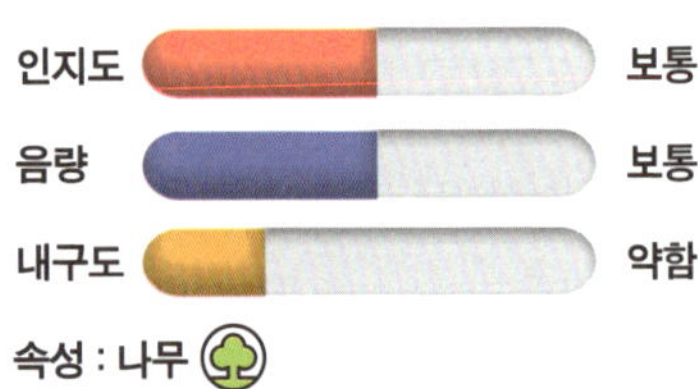

"자차(SUV) 보유 필수, 케이스를 침낭으로 사용 가능"

"오케스트라의 무게중심"

더블베이스의 음색은 깊고 묵직하여 다른 악기들과 뚜렷한 대비를 이룬다. 연주자는 앉거나 서서 연주하며, 현의 길이가 매우 길고 몸통이 커서 웅장한 저음을 만들어낸다. 압도적인 크기만큼이나 음악의 하모니와 리듬을 아래에서 묵직하게 뒷받침하여 음악의 전체적인 균형과 조화에 필수적인 역할을 맡고 있다.

이 악기는 알아가다 보면 명칭에 대해 궁금증이 생길 수 있다. 어떤 곳에서는 더블베이스라고 부르고, 또 어떤 곳에서는 콘트라베이스라고 부르기 때문이다. 결론부터 말하자면 둘 다 맞는 명칭이다. 영어로는 더블베이스Double Bass, 독일어로는 콘트라바쓰KontraBass로 불리며, 한국에서는 이 둘을 혼용해 콘트라베이스Contrabass라고도 불린다. 이름 자체의 유래를 알면 더 이해하기 쉽다. 더블베이스는 '베이스Bass가 두 배Double'라는 뜻으로, '첼로보다 정확히 한 옥타브[14] 낮은 음역을 담당하는 악기'라는 뜻에서 붙은 이름이다. '콘트라Kontra' 역시 독일어로 '두 배'라는 뜻이다. 결국 이름 자체가 이 악기의 음역적 특징을 직관적으로 설명하고 있는 셈이다.

현악기는 관리가 잘 된 악기일수록 어마어마한 가격을 자랑한다. 더블베이스는 겉보기에는 굉장히 크기 때문에 최고 100억 원대의 바이올린만큼 비쌀 거라 생각하지만 실제 최고가는 약 2억 원 정도로, 다

---

[14] 주파수가 2배 차이 나는 음정.

른 현악기에 비해 의외로(?) 저렴한 편이다.

더블베이스의 모든 것을 알아본 콘텐츠 '악기 대백과사전 - 더블베이스편'.
KBS교향악단 더블베이스 이창형 수석 단원이 직접 나와 설명하였다.

문제는 크기다. 최대 높이 2m, 무게 약 20kg에 달하는 대형 악기이기 때문에 운반에 큰 노력이 필요하다. 악기를 번쩍 들 수 있는 근력도 필요하고, 이동하려면 최소 SUV 차량이 필수다. SUV의 뒷좌석 등받이를 모두 접고 트렁크까지 모두 비워야 조심스럽게 눕혀 실을 수 있다. 게다가 나무로 만든 악기라, 방지턱만 조금 잘못 넘어도 손상될 수 있어 운전도 상당한 주의가 요구된다.

이렇게 큰 덩치에 비해 의외로 개복치급(?) 내구도를 지닌 더블베이스지만, 단점만 있는 것은 아니다. 유사 시 안락한 더블베이스 케이스 속에 누워 따뜻한 쪽잠을 청할 수도 있기 때문이다.

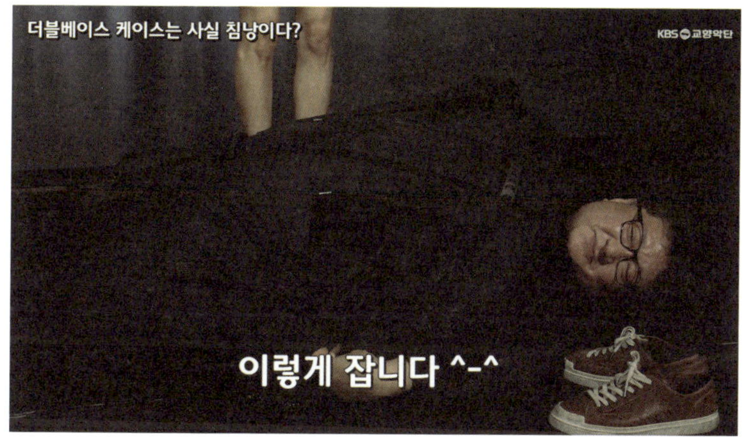

촬영 현장에서 케이스에 들어가 달라는 발칙한(?) 부탁을 드렸지만
흔쾌히 누워 주신 KBS교향악단 더블베이스 이창형 수석 단원님 최고!

KBS교향악단 단원이 말하는 Q&A

더블베이스 이창형 수석 단원 

Q. 오케스트라에서 더블베이스는 무슨 역할을 맡고 있나요?

A. 가장 낮은 음역을 담당하는 악기이기 때문에 다른 파트의 소리를 띄워줍니
다. 때로는 타악기처럼 리듬을 보강하고, 때로는 관악기를 받쳐줄 때도 있어
요. 무대에 오래 남는 잔향을 만들어 전체적인 사운드의 깊이를 더하는 것이
가장 큰 역할입니다.

Q. 많은 악기 중에 더블베이스를 전공한 이유가 무엇인가요?

A. 처음에는 집에서의 권유로 시작했지만, 시간이 지나면서 제가 더 좋아하게 됐습니다. 저의 인생이 달린 문제인 만큼 여러 요소를 종합해 결정했어요. 다만, 시작한 이후로 단 한 번도 후회한 적은 없습니다.

Q. 더블베이스는 크기와 무게가 어마어마해서 웬만한 근력으로는 들고 다니기 힘들 것 같은데, 따로 팔 근육 운동을 하시나요?

A. 저희 베이스는 연주 자체가 체력 단련입니다. 농담이고요(웃음), 따로 하는 운동은 없습니다.

Q. 더블베이스는 차량 이동이 필수일 듯한데, 학창시절에는 어떻게 운반하셨나요? 대중교통으로 다니면 사람들이 막 치고 다니고, 버스에서는 크다고 거절당할 것 같아요.

A. 고등학생 때는 악기를 메고 대치동에서 미아리, 수유리까지 버스를 갈아타며 레슨을 다녔습니다. 가끔 지하철도 탔고요. 늦으면 택시를 타야 했는데 잘 안 태워줘서, 어떨 때는 용달차를 부르기도 했어요. 아버지께서 고생하는 제 모습을 보시고 대학 입학 후 차를 사주셨습니다.

Q. 오케스트라에서 가장 큰 악기를 다루는 만큼, 반대로 작은 악기(플루트, 바이올린)가 부러웠던 적이 있나요?

A. 다른 분들은 모르겠지만, 저는 베이스를 시작한 후에 다른 악기를 부러워 한 적이 한 번도 없습니다.

Q. KBS교향악단 연주활동을 하면서 가장 보람을 느낀 순간은 언제인가요?

A. 좋은 지휘자와 좋은 협연자, 그리고 훌륭한 나의 동료들과 함께 최선을 다해

 귀 열어, 클래식 들어간다

좋은 연주를 만들어냈을 때 가장 뿌듯합니다.

Q. 앞으로의 꿈은 무엇인가요?

A. 이제 저도 KBS교향악단에서 연주활동을 한지 벌써 26년이 되었습니다. 연
주할 수 있는 그날까지 열심히 노력해서 오랜 경험이 담긴 깊이 있는 연주
를 들려주는 좋은 연주자가 되고 싶어요. 사실 나이를 먹으니 젊었을 때보다
훨씬 많은 연습이 필요하다는 걸 절실히 느끼지만, 그만큼 더 좋은 연주를
위해 노력하고 있습니다.

 **쓸데없고 근거 없는 TMI**

> 1. 더블베이스는 다른 악기들과 다르게 전용 의자가 따로 있다. 바Bar의자처럼 생긴,
> 가슴 높이까지 오는 높은 의자이다. 직접 앉아보면 생각보다 높다고 느껴진다.

관악기
Wind Instruments

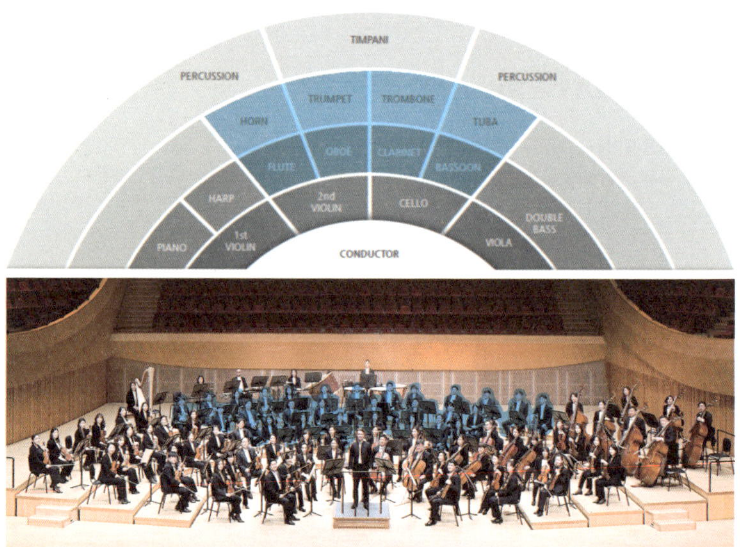

관악기군은 연주자의 숨결을 통해 소리를 만들어내는 악기들로, 오케스트라에 생명력을 불어넣는 또 하나의 핵심 축이다. 목관악기와 금관악기로 나뉘며, 각 악기는 고유의 음색과 표현력을 지니고 있다. 현악기와 비교하면 관악기 연주자 수가 적어 보이고 연주 중 쉬는 구간이 많아 보일 수 있지만, 이는 큰 오해다. 한 명의 관악 연주자가 오케스트라 전체를 가르는 멋진 솔로를 들려주기도 하고, 강렬함을 보여 줘야 하는 부분에서는 현악기로는 낼 수 없는 웅장함을 만들어내기도 한다.

현악기군과 마찬가지로 관악기군 역시 모든 음역대를 갖추고 있어, 관악기만으로도 하나의 독립된 오케스트라를 구성할 수 있다. 이를 'Wind Orchestra'라고 부르는데, 말 그대로 현을 긋지 않고 바람으로 소리를 내기 때문에 'Wind'라는 이름이 붙었다.

목관악기(Woodwind)

(왼쪽부터) 피콜로, 플루트, 오보에, 클라리넷, 바순, 색소폰

(왼쪽 위부터) 프렌치 호른, 튜바, 트롬본, 트럼펫

 ## 쓸데없고 근거 없는 TMI

1. 관악기는 하이-리스크, 하이-리턴이다. 현악기나 피아노와 달리 신체 기관을 직접 사용해 소리를 내는 시스템이라, 음을 내는 것 자체에 리스크가 있다. 게다가 한 파트에 많아야 2~3명만 소리를 내고, 그 소리마저 워낙 도드라지기 때문에 실수가 나면 숨을 곳도 없다. 그럼에도 관악기만의 강렬하고 중독적인 음색은 이 모든 리스크를 무색하게 만든다.
2. 관악기 연주자들은 큰 음량과 화려한 음색만큼 외향적인 성격을 가진 경우가 많다. 높은 확률로 공연 뒤풀이에 누구보다 적극적이다. *(어쩌면 공연은 뒤풀이를 위한 예열일지도 모른다.)*

귀 열어, 클래식 들어간다

목관악기
Woodwind

목관악기만의 아이템, 리드

보통 '악기 연주'라고 하면 손으로 누르거나, 활을 긋는 등의 방식을 떠올리지만, 목관악기 중 플루트를 제외한 오보에, 클라리넷, 바순, 색소폰은 '리드'[15]라는 특별한 장치를 활용해 음을 만들어낸다.

리드 Reed

리드는 대부분 '아룬도 도낙스'라는 갈대 줄기를 가공해 만든다. 지중해 연안에서 자라는 이 갈대는 섬유질이 곱고 탄성이 좋아 수백 년 동안 목관악기

리드의 재료인 아룬도 도낙스 Arundo donax

제작의 핵심 재료로 사용됐다. 잘 건조된 줄기를 얇게 깎아내고 정교

---

[15] 갈대 줄기로 만들어진 얇고 작은 조각으로, 공기의 흐름에 따라서 진동하여 악기의 소리를 내준다.

하게 다듬어야 비로소 하나의 리드가 완성된다. 완성된 리드를 악기 입구에 끼우고 연주자가 숨을 불어넣으면 리드 판이 미세하게 진동한다. 그 진동이 악기 내부의 공기 기둥으로 전달되며 공명해 소리가 만들어진다.

1. 겹리드 Double Reed: 오보에, 바순

오보에와 바순은 '겹리드'라는 독특한 구조를 통해 소리를 만들어 낸다. 겹리드는 두 장의 얇은 갈대 조각을 맞붙여 만든 소리 발생 장치로, 연주자가 이 리드를 입술로 물고 숨을 불어넣으면 두 갈대가 미세하게 진동하며 음을 낸다.

2. 홑리드 Single Reed: 클라리넷, 색소폰

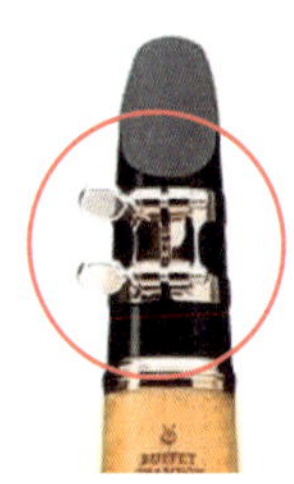

리가춰 Ligature

클라리넷과 색소폰은 한 장의 리드를 사용하는 '홑리드' 악기로, 겹리드 악기와는 다르게 리드를 고정하는 금속 장치인 '리가춰'가 있다는 게 특징이다. 리드의 진동은 단순한 떨림이 아니다. 미세한 압력, 입술의 조임, 숨의 속도에 따라 음색과 음량이 민감하게 바뀌기 때문에 리드를 공장에서 찍어 내듯 동일하게 만들 수는 없다.

그래서 많은 연주자들은 직접 리드를 깎고 다듬어서 자기만의 소리를 찾아간다. 겹리드를 쓰는 악기 연주자들은 물통과 리드를 깎는 도구들을 악기처럼 항상 들고 다닌다. 리드 전용 물통에 리드를 넣으면 건조하지 않고 촉촉한 상태를 유지할 수 있어 연주 중 리드가 찢어지는 불상사를 막을 수 있기 때문이다. 이는 단순한 연주 준비 과정을 넘어선 일종의 '제작' 과정이기도 하다. 결국 리드를 사용하는 연주자는 제작자이자 동시에 조율자이기도 한 셈이다.

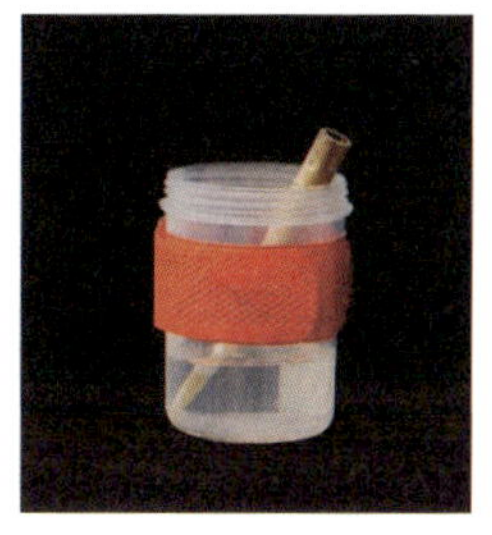

리드를 물통에 넣어
촉촉하게 유지한다.

> 1. 오케스트라 연습 전에 다른 악기들은 튜닝하고 악보를 펴느라 바쁜데, 목관악기 연주자들은 리드를 고르고 깎느라 정신없는 모습을 볼 수 있다. 이는 연주 중에도 이어지는데, 목관악기들이 쉬는 구간에 연주자들을 잘 관찰해 보면 리드를 다급히 갈아 끼우는 모습을 간혹 발견할 수도 있다.

플루트 Flute

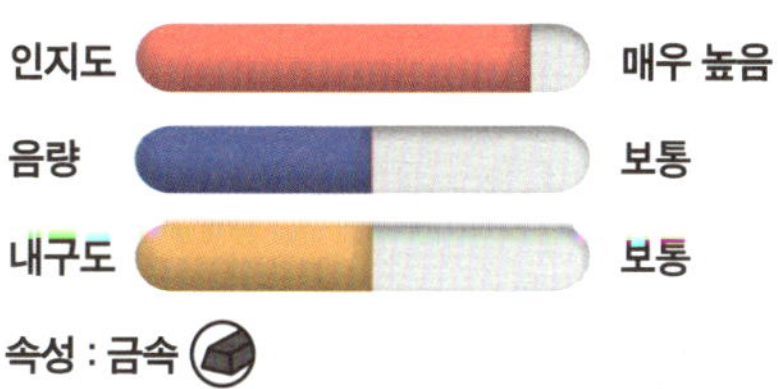

"새가 속삭이듯 우아한 음색, 하지만 보기보다 굉장한 폐활량을 갖춰야 한다."

"오케스트라의 가장 높은 목소리"

플루트는 목관악기군에서 같은 계열(플루트족)의 악기들과 함께 가장 높은 음역을 담당하는 악기로, 맑고 투명한 음색으로 오케스트라에 빛을 더한다. 특이하게도 실제로는 금속으로 만들어지지만 목관악기로 분류된다. 이는 플루트가 과거에 나무로 제작되었던 역사에서 비롯된 것이기도 하며, 부는 방식 또한 목관악기군에 속하기 때문이다.

오케스트라에서 플루트는 단순히 고음역대를 채우는 악기가 아닌, 전체 음향 속에서 '공간'을 만드는 악기다. 플루트가 지나간 자리엔 여운이 남고, 그 여운이 곡의 감정을 완성한다. 플루트의 음색을 들어보면 대놓고 '솔로를 위한 악기'로 만들어졌다는 느낌을 받을 것이다. 곡 중 '투티Tutti'[16] 부분에서는 눈에 띄지 않지만, 독주가 시작되는 순간 깃털처럼 가볍고 따뜻한 음색이 오케스트라 전체를 감싸는 듯 포근한 느낌마저 들게 한다.

---

[16] 이탈리아어로, 모든 연주자가 다 같이 연주한다는 의미.

기존 플루트보다 더 높은 음역을 소화하기 위해 만들어진 플루트족의 또 다른 악기인 '피콜로'의 경우에는 전혀 다른 성격의 음색을 낸다. 날카롭고 밝은 소리가 투티에서도 또렷이 들릴 만큼 강렬해, 오케스트라 내에서 독보적인 존재감을 자랑한다.

피콜로 Piccolo

 **쓸데없고 근거 없는 TMI**

1. 플루트는 작고 가벼워서(노트북 파우치 정도) 어디든 이동이 쉽고, 금속 재질이라 온도, 습도 변화에 비교적 덜 민감하다. 그래서 특히 큰 악기를 다루는 연주자들에게 자주 부러움의 대상이 된다.
2. 목관악기군 중에서도 대중적 인지도가 가장 높으며, 남녀노소 누구나 취미로 배울 수 있을 만큼 진입장벽도 낮다.
3. 작지만 생각보다 호흡이 많이 필요한 악기다. 플루트 연주자를 잘 관찰하면 빠르게 여러 번 숨을 들이쉬는 모습을 쉽게 확인할 수 있다.

오보에 Oboe

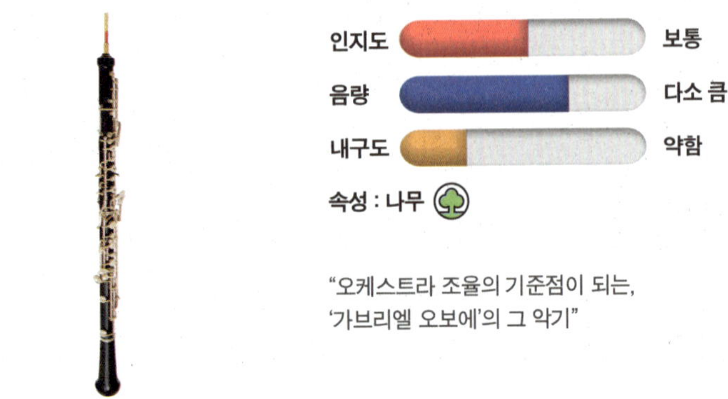

"오케스트라 조율의 기준점이 되는,
'가브리엘 오보에'의 그 악기"

"짙은 감정을 품은 숨결"

오보에는 목관악기 군에서도 단연 독보적인 존재다. 리드에서 시작된 소리가 좁은 관을 통과하며 진동해 만들어내는 음색은, 사람의 목소리처럼 짙고 호소력이 있다. 한 음만 들어도 오보에라는 걸 알아챌 수 있을 만큼 강한 개성을 지녔지만, 그 소리는 결코 거칠지 않다. 부드럽고 애잔하며, 때로는 한숨처럼 가늘고 섬세하다. 감정을 머금은 듯한 이 음색은 서정적인 선율에서 진가를 발휘하며, 단순한 멜로디조차 깊이 있는 이야기로 바꾸어 놓는다.

또한 오보에는 오케스트라에서 조율의 기준이 되는 악기이기도 하다. 연주가 시작되기 전, 모든 악기는 오보에가 내는 'A(라)' 음에 맞춰 조율한다. 그런데 왜 하필 오보에일까?

귀 열어, 클래식 들어간다

- 오케스트라에서 가장 또렷하게 잘 들리는 악기이기 때문이다. 바이올린 100대가 연주해도 오보에 1대가 다 이긴다는 속설이 있을 정도이다. 모든 악기가 동시에 소리를 내도 오보에 소리는 확실히 들리기 때문에 이를 듣고 조율할 수 있다.
- 음이 흔들리지 않는다. 음량으로만 따지면 오보에 말고도 다른 금관악기 소리가 더 크다. 그럼에도 오보에가 조율하는 것은 두 개의 리드를 사용하는 악기로서 한 음을 동일한 음정으로 길게 내기 유리하기 때문이다. 금관악기는 큰 음량으로 오랜 시간 부는 것은 호흡이 부족하여 불가능하다.

KBS교향악단 단원이 말하는 Q&A

오보에 조성호 단원

Q. 오케스트라에서 오보에는 무슨 역할을 맡고 있나요?

A. 오보에는 오케스트라 중앙에 위치해 많은 선율과 솔로 부분을 담당하고 있습니다. 연주가 시작하기 전 모든 악기의 조율을 위한 중심음을 알려주기도 합니다.

Q. 많은 악기 중에 오보에를 전공한 이유가 무엇인가요?

A. 오보에를 하면 KBS교향악단에 입단할 수 있을 것 같아서요(농담). 사실 처음에 잉글리시 호른[17] 소리가 너무 매력적이었는데, 이 악기는 전공이 없어 어쩔 수 없이 오보에를 할 수밖에 없었습니다.

Q. 오보에는 입술로 리드를 물어서 연주하던데, 얼굴이 터질 듯 압력이 엄청 세 보입니다. 힘들진 않으신가요?

A. 오보에는 많은 압력을 필요로 하는 악기입니다. 그래서 오보에 곡들은 15분이 넘는 곡이 거의 없을 정도입니다. 예전에는 호른과 오보에 연주자들이 혈압을 못 이겨내고 단명하기도 했습니다.

Q. 오케스트라 튜닝할 때 보통 오보에로 음을 맞추는데 떨리진 않으신가요? 튜닝 음을 길게 내다가 숨이 모자란 적은 없으신가요?

A. 많이 긴장되는 부분입니다. 모든 연주자가 입장하고 갑자기 조용할 때 정확한 'A' 음을 불어야 한다는 것은 모든 오보에 연주자들에게 공포일 겁니다. 리드 구멍이 작아 숨이 모자라지는 않아요. 다른 악기에 비해 바람이 적게 들어가거든요.

Q. 목관악기에서 유독 솔로가 많은 악기 중 하나인데 부담감이 크진 않나요?

A. 솔로가 많은 곡들은 부담감이 많이 오지요. 원하는 좋은 소리를 내기 위해 리드도 수시로 깎아야 하고 연습도 많이 해야 합니다. 그래도 만족스러운 연주를 하고 박수받을 때 그 성취감은 정말 말로 표현이 안 됩니다.

17/오보에 계통의 목관악기로, 금관악기인 프렌치 호른과는 다른 악기이다.

 귀 열어, 클래식 들어간다

Q. 다른 악기에는 없는 오보에만의 매력은 무엇인가요?

A. 오케스트라에서 꽃 역할을 하는 게 매력이라 생각합니다. 비브라토[18]를 하며 연주하는 애절한 소리 또한 매력이 아닐까요?

Q. KBS교향악단 연주활동을 하면서 가장 보람을 느낀 순간은 언제인가요?

A. 정말 많은 연주를 합니다. 예전에는 국립교향악단으로, 지금은 KBS라는 이름을 달고 전국, 그리고 많은 나라를 다니지요. 평양도 다녀올 정도니까요. 거기서 우리나라 대표 오케스트라라는 자부심이 생깁니다. 많은 관객이 저희의 연주를 듣고 감동해 많은 박수를 보내주실 때 또한 그렇습니다. 우시는 관객분들을 뵐 때 제 마음도 너무 뭉클해지곤 합니다.

Q. 앞으로의 꿈은 무엇인가요?

A. 연주를 잘하는 후배들이 너무 많습니다. 그 후배들에게 뒤처지지 않고 함께 세계적인 오케스트라가 되길 바랄 뿐입니다.

 **쓸데없고 근거 없는 TMI**

1. 오보에 연주자가 가장 떨리는 순간은 화려한 솔로 연주 때가 아닌 바로 연주 전 조율할 때라고 한다. 그도 그럴 것이, 관객들이 오케스트라 조율하는 모습만 봐도 그 오케스트라의 대략적인 실력을 알 수 있기 때문이다.

---

[18] 악기나 성악에서 음을 떨어서 소리를 아름답고 풍성하게 하는 기법.

클라리넷 Clarinet

"징징이가 불던 그 악기 맞습니다."

"검은 나무관 속의 유연한 목소리"

클라리넷은 홑리드를 사용하는 목관악기로, 부드럽고 유연한 음색이 특징이다. 외형만 보면 마치 나무로 만든 리코더를 떠올리게 하지만, 오케스트라에서는 다른 악기들이 대신할 수 없는 중음역대를 채우며 악기군 사이를 자연스럽게 이어주는 다리 역할을 한다. 부드러운 현악기의 흐름 위에 얹히기도 하고, 금관의 강한 질감과 대조를 이루며 색채를 조절하기도 한다.

이 악기의 가장 큰 특징은 바로 '음역대'다. 낮은 음역에서는 바순처럼 어둡고 깊게 울리고, 높은 음역에서는 플루트처럼 밝고 가볍게 솟아오른다. 단 한 대로 음의 공간을 넓게 채울 수 있는 드문 악기다.

베버 〈클라리넷 협주곡 제1번, 작품번호 73〉
C. M. von Weber 〈Clarinet Concerto No.1, Op.73〉
샤론 캄 연주, 넓은 음역대를 느낄 수 있는 클라리넷의 대표 협주곡을 들어보자.

라흐마니노프 〈교향곡 제2번, 작품번호 27〉 제3악장
S. Rachmaninoff 〈Symphony No.2, Op.27〉 3rd mov.
3악장 초반의 클라리넷 솔로, 그리고 악기별로 솔로를 거쳐 다시 클라리넷이 마무리하는
부분(37:04)을 들어보자. 마치 성시경의 발라드 같은 애절함을 느낄 수 있다.

오케스트라에서의 클라리넷은 플루트, 오보에와 마찬가지로 솔로 부분에서 큰 힘을 발휘하는 악기이다. 조용히 시작해 감정을 쌓아 올리는 능력이 탁월하고, 빠른 기교와 리듬도 민첩하게 처리한다. 마치 사람의 말처럼 자연스럽고 설득력 있게 다가오는 소리. 그래서 클라리넷은 음악 속에서 늘 말하고 있는 악기처럼 들린다.

KBS교향악단 단원이 말하는 Q&A
클라리넷 박한 단원 

Q. 오케스트라에서 클라리넷는 무슨 역할을 맡고 있나요?

A. 클라리넷은 오케스트라에서 넓은 음역과 유연한 음색을 바탕으로 서정적인 선율을 담당하면서, 동시에 목관·현악·금관 사이의 음색을 부드럽게 연결해 전체 사운드를 균형 있게 만드는 핵심 색채 악기입니다.

Q. 많은 악기 중에 클라리넷을 전공한 이유가 무엇인가요?

A. 초등학교 때 관악부에 들어가 악기를 배워보고 싶었습니다. 처음에는 트럼펫을 하고 싶었지만, 지휘자 선생님께서 제 구강 구조를 보시더니 클라리넷을 권하셨습니다. 그때는 이 악기가 제 직업이 될 줄은 전혀 몰랐습니다.

Q. '클라리넷' 하면 〈네모바지 스폰지밥〉의 징징이가 떠오르는데, 스폰지밥의
방해 속에도 고군분투하며 연습하는 징징이는 냉정하게 잘 부는 편인가요?
징징이에게 클라리넷 조언을 해준다면?

A. 유튜브에서 징징이가 클라리넷을 연주하는 장면을 찾아봤는데, 재즈 스타
일로 연주하더라고요. 생각보다 꽤 잘해서 인상적이었습니다. 저는 아직 재
즈를 따로 공부해 본 적이 없어서 오히려 더 배워보고 싶다는 생각이 들었
습니다.

Q. 목관악기 연주자들이 리드에 신경을 많이 쓰는 모습을 많이 봤는데, 리드
관리가 얼마나 중요한가요?

A. 클라리넷 연주자들은 오보에나 바순 연주자들처럼 리드를 직접 제작하거나
세밀하게 손질하는 경우는 많지 않지만, 리드의 선택과 관리에 있어서는 늘
큰 고민을 안고 있습니다. 저 역시 연주 당일에 몸 컨디션과 리드 컨디션 중
하나를 고르라고 한다면, 주저 없이 리드를 선택할 만큼 그 중요성을 크게
느끼고 있습니다.

Q. KBS교향악단 연주활동을 하면서 가장 보람을 느낀 순간은 언제인가요?

A. 학생 시절에 연습했던 오케스트라 발췌곡을 실제 무대에서 연주하게 될 때
가 가장 보람찬 순간인 것 같습니다.

Q. 앞으로의 꿈은 무엇인가요?

A. 저는 KBS교향악단에서 클라리넷, 베이스 클라리넷을 맡고 있습니다. 그동
안의 경험을 바탕으로 오디션을 준비하는 학생들과 현직 오케스트라 연주자
들에게 도움이 될 수 있는 베이스 클라리넷 오케스트라 발췌곡 교본을 만들
어보고 싶습니다.

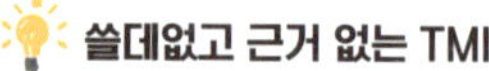

1. 플루트, 색소폰과 더불어 초반에는 비교적 연주가 쉽고, 악기값이 비교적 싼 편이라 진입 장벽이 낮기로 손꼽히는 악기이다. 하지만 압력이 높아서 불기 힘들고, 이조 악기[19]라 초반에 많이 그만두는 악기이기도 하다.
2. 〈네모바지 스폰지밥〉의 징징이가 불던 그 악기이다. 의외로 만화 속 징징이는 클라리넷을 꽤 잘 분다는 사실!

바순 Basson

"뽁뽁뽁! 오보에와 클라리넷 사이의 매력적인 목소리"

바순은 겹리드를 사용하는 목관악기로, 두 장의 얇은 리드가 진동하며 만들어내는 소리가 오보에와 클라리넷 사이 어딘가에 있는 듯한 독특한 음색을 낸다. 스트라빈스키 〈봄의 제전〉 오프닝에 등장하는 고음 솔로는 바순의 음색을 극적으로 보여주는 대표적 장면이다. 일반적으로 오케스트라에는 두 대의 바순이 편성되며, 대규모 편성에서는 더

---

[19] 기보된 음(악보)과 실제 소리 나는 음(실음)이 서로 다른 악기. 클라리넷, 프렌치 호른, 색소폰 등이 대표적이다.

낮은 음역을 담당하는 '콘트라바순'[20]이 추가되기도 한다.

스트라빈스키 〈봄의 제전〉. 요엘 레비 지휘. I. Stravinsky 〈The Rite of Spring〉
곡의 시작 부분, 바순 특유의 음색을 제대로 보여주는 솔로 파트를 들어보자.

뒤카 〈마법사의 제자〉 P. Dukas 〈L'Apprenti Sorcier〉
바순이 스타카토(끊어서 소리 냄)로 연주하면 이런 귀여운 소리도 난다.

---

[20] 더블바순이라고도 불리며, 바순보다 한 옥타브 낮은 음역대를 갖고 있다.

붉은 색상의 화려한 외관만큼이나 바순은 목관악기 중에서도 가장 비싼 악기로 유명하다. 우스갯소리로 '나무로 만든 아파트'라는 별명이 붙을 정도다. 최소 수천만 원대가 기본이고, Heckel 악기사의 바순은 수억 원을 호가하기도 한다. 단순히 크기가 크기 때문이 아닌 다음과 같은 이유가 있다.

- 복잡한 제작 구조

  바순은 약 2.5m 길이의 나무관을 구부려 만든 구조로, 제작 과정 전반에 매우 숙련된 장인의 손길이 필수다. 대량생산이 불가능해 대부분 수공예 제작 방식에 의존하며, 저렴한 중고 바순이라도 수백만 원이 드는 것은 기본이다.

- 고급 원자재 사용

  고급 메이플 목재가 주로 사용된다. 이는 음향적으로는 뛰어나지만 가공과 건조, 보관이 매우 까다롭다. 부속 재료로는 니켈, 은도금, 금도금 등 고급 금속이 사용되며, 정밀한 연마와 조립이 필요하다.

- 제한된 수요와 제작자

  전 세계적으로 봐도 바순 연주자는 다른 목관악기 연주자보다 그 수가 매우 적다. 수요가 제한적인 만큼 대량생산 체제가 아닌 소수 제작자 중심의 생산 구조를 유지한다.

　　　　　　　　　　　　　　　　　　　　귀 열어, 클래식 들어간다

KBS교향악단 단원이 말하는 Q&A

바순 박준태 수석 단원

Q. 오케스트라에서 바순은 무슨 역할을 맡고 있나요?

A. 바순은 목관악기 중 가장 낮은 음역을 담당하는 악기입니다. 현악기로 치면 첼로와 더블베이스 음역대로서, 주로 화성의 중심을 이루며 현악기와 관악기의 소리를 자연스럽게 감싸주는 역할을 합니다. 때로는 장난스럽고 통통 튀는 텅잉[21]등의 연주 기법으로 재미있는 구간을 연주하기도 하며, 부드러운 음색과 넓은 음역대를 바탕으로 저음부터 고음까지의 멜로디를 풍부하게 전달하는 역할을 하고 있습니다.

Q. 많은 악기 중에 바순을 전공한 이유가 무엇인가요?

A. 개인적으로 오보에와 첼로를 좋아했는데, 악기를 비교적 늦게 시작하게 되면서 첼로와 비슷한 음색을 가진 바순의 매력에 이끌려 시작하게 되었습니다. 지금까지도 바순을 전공한 것은 제 인생에서 가장 좋은 결정 중 하나라고 생각하며, 연주할수록 바순이 가진 깊은 매력을 느끼면서 즐겁게 음악 생활을 하고 있습니다.

---

[21] 관악기를 연주할 때 혀를 이용해 공기의 흐름을 조절하는 주법.

Q. 바순은 다른 관악기에 비해 음량이 크지 않은 편인데, 관악기가 크게 연주
되는 부분에서 바순 소리가 묻힐 때 억울하지는 않으신가요?

A. 오케스트라는 여러 명의 연주자가 다양한 악기로 하나의 음악을 만들어가
는 앙상블이라고 생각합니다. 곡에 따라 각 악기가 맡은 역할을 충실히 수
행하는 것이 중요합니다. 다른 악기군의 멜로디를 감싸주어야 할 때도 있고,
반대로 바순이 중심이 될 때는 다른 악기들이 서포트해 주며 조화롭게 연주
하게 됩니다. 그래서 소리가 묻힌다고 느껴 억울했던 적은 거의 없습니다.
다만 바순의 선율이 더 드러나야 하는 순간에는 혼신의 힘을 다해 연주하고
있습니다.

Q. 가격이 비싼 만큼 악기 관리도 까다롭다고 알고 있는데 사실인가요?

A. 바순은 관악기 중 가격대가 높은 악기라는 인식이 있는 편입니다. 특정 제작
사의 악기가 특히 고가이기도 하지만, 전체적으로 봤을 때 저렴하지 않은 것
도 사실입니다. 나무로 만들어진 악기의 특성상 다른 목관악기나 현악기와
마찬가지로 온도와 습도에 민감해 관리에 신경을 쓰고 있습니다. 특히 여름
철에는 케이스 안에 제습제를 넣고, 연주 전후로 악기 상태를 자주 점검하고
있습니다. 결국 어떤 악기든 본인의 악기를 소중하게 생각하고 다루는 것이
가장 중요하다고 생각합니다.

Q. 다른 악기에는 없는 바순만의 매력은 무엇인가요?

A. 바순은 낮은 음부터 중음, 높은 음까지 넓은 음역대를 가진 악기로, 여러 음
자리표를 넘나들며 연주할 수 있습니다. 따뜻하고 포근한 음색을 가지고 있
어 개인적으로는 '관악기의 첼로'라고 생각합니다. 무대를 가득 채우며 강한
존재감으로 다가가는 악기들도 있지만, 고요함 속에서 잔잔하고 아름다운
멜로디를 연주하는 순간이야말로 듣는 이에게 숨죽여 집중하게 만들고 음악

을 더 깊이 느낄 수 있게 한다는 점이 바순의 진정한 매력이라고 생각합니다.

Q. KBS교향악단 연주활동을 하면서 가장 보람을 느낀 순간은 언제인가요?

A. KBS교향악단은 연간 약 100회 정도의 연주를 진행하는 교향악단입니다. 자연스럽게 가족 다음으로 단원들을 가장 자주 마주하게 되고, 파트와 단원 간의 유대감도 매우 좋다고 느끼고 있습니다. 힘든 일정 속에서도 대곡을 많이 연주하며 훌륭한 지휘자, 연주자들과 함께 호흡할 수 있다는 점이 큰 보람입니다. 음악이 관객에게 전달되고, 곡이 끝난 뒤 잠시 흐르는 정적 후에 이어지는 관객의 박수는 그 어떤 순간보다도 보람차며, 음악가로서 꿈꾸던 삶에 가깝다고 느끼게 합니다.

Q. 앞으로의 꿈은 무엇인가요?

A. 바순이라는 악기가 가진 매력을 더 많은 사람에게 자연스럽게 전하는 연주자가 되고 싶습니다. 또한 연주와 교육을 함께 이어가며, 학생들이 무대 위에서 결과에만 얽매이지 않고 진심으로 자신의 음악을 표현할 수 있는 연주자로 성장하도록 돕고 싶습니다.

💡 쓸데없고 근거 없는 TMI

> 1. 목관악기 중 연주자 수가 가장 적다. 특히 아마추어 오케스트라에서 바순 연주자를 구하기가 하늘의 별 따기라, 주로 객원 연주자를 구하는 편이다.

색소폰 Saxophone

"이것은 금관악기도 아니고 목관악기도 아니여"

"금속과 목재의 장점만 합친 하이브리드 악기"

아돌프 삭스 Adolphe Sax

색소폰은 홑리드를 사용하는 악기이지만 목재가 아닌 금속으로 만들어진다. 이 독특한 조합 덕분에 색소폰은 목관악기 범주에 속하면서도 그 음색과 존재감에서는 금관악기 못지않은 강렬한 힘을 가진다. 색소폰은 1840년대, 벨기에의 악기 제작자 아돌프 삭스에 의해 다른 오케스트라 악기보다 비교적 최근에 개발되었다. 그는 목관악기의 유연한 표현력과 금관악기의 강한 투사력을 모두 갖춘 악기를 원했고, 그 결과 색소폰이 탄생했다. 이러한 태생적 특성 때문에 색소폰은 오케스트라보다 군악대, 재즈, 실내악, 솔로 연주 등에서 더 활발히 사용된다.

색소폰의 소리는 선명하고 직설적이다. 때로는 재즈 클럽처럼 거칠고 자유로운, 때로는 영화 속 배경처럼 감미롭고 애틋한 소리를 만든다. 연주자는 리드와 입술, 호흡, 키워크Keywork[22] 조작을 통해 순간의 감정을 그대로 악기에 실어 보낸다. 최신 악기인지라 클래식의 전성기인 고전 시대에는 존재하지 않았지만, 드뷔시, 라벨, 프로코피예프, 쇼스타코비치 등 20세기 작곡가들이 색소폰을 활용한 작품을 남겼다. 재즈에서는 말할 것도 없이 단연 주인공인 악기다.

케니 지 Kenny G 〈Loving You〉. 브랜든 최 연주(소프라노 색소폰)[23]

---

[22] 손가락으로 구멍을 여닫아 음높이를 조절하는 장치로, 악기의 몸체에 장착되어 있다. 줄여서 키(Key)라고도 부른다.
[23] 소프라니노, 소프라노, 알토, 테너, 바리톤 등 음역에 따라 여러 종류가 있으며, 소프라노 색소폰은 그중 높은 음역을 갖고 있다.

색소폰이 솔로로 나오는 유명곡(5:02~)

 **쓸데없고 근거 없는 TMI**

1. 재질은 금속, 분류는 목관. 클래식부터 재즈까지 다양한 장르에서 뛰어난 활약을 보여주고 있는 진정한 '하이브리드'이자 만능 악기이다.
2. 중년 남성들의 영원한 로망인 악기이기도 하다.

귀 열어, 클래식 들어간다

금관악기
Brass

금관악기는 왜 불기 어렵다고 할까?

흔히 호른은 '세계에서 가장 어려운 악기'라고 불린다. 하지만 악기를 직접 다뤄본 적이 없는 사람에게 이 말은 쉽게 와닿지 않는다. "피아노는 손으로 누르면 쉽게 소리가 나고, 금관악기도 피아노처럼 버튼이 있던데, 소리 내는 것 정도는 쉬운 거 아닐까?"라는 생각이 들기 때문이다. 그러나 실제로 금관악기를 연주해 본 저자로서 왜 금관악기가 소리를 내기 어려운지 상세히 설명해 보자면 이렇다.

우선 악기의 난이도와 접근성은 연주 방식에 따라 크게 갈린다. 피아노는 손으로 건반을 눌러 소리를 내는 '타현악기'이고, 바이올린 같은 현악기는 현을 활로 마찰시켜 소리를 내는 '찰현악기'이다. 이 두 악기는 최소한 '소리를 내는' 단계까지의 접근성만 놓고 보면 가장 낮은 난이도를 자랑한다. 손이나 활이 현을 대신 움직여주기 때문이다.

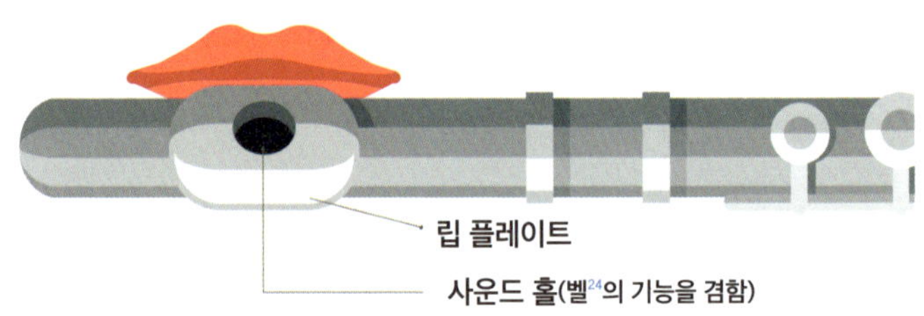

플루트를 부는 방법

반면 목관, 금관악기는 '소리를 내는 행위' 자체가 이미 고난도다. 리드나 마우스피스[25]를 통해 연주자의 호흡과 입술이 직접 소리를 만들어내고, 그 미세한 진동을 스스로 컨트롤해야 한다. 피아노처럼 건반을 누르면 정확한 음이 '보장'되는 구조가 아니라는 의미다. 관악기 연주자는 성악가처럼, 본인의 몸 자체가 곧 악기가 된다. 이렇게 다른 연주 방식 때문에 관악기의 난이도는 높아질 수밖에 없다.

---

[24] 관악기의 끝부분에 있는 둥근 나팔 모양의 넓은 구멍.
[25] 입술에 대고 불어 진동을 악기에 전달해 음을 만드는 장치.

같은 금관악기인데 왜 난이도가 달라질까?

트럼펫, 프렌치 호른, 트롬본, 튜바의 마우스피스. 각 악기가 추구하는 음역대와 음색, 악기의 구조 등 복잡한 상관관계가 맞물려 있기 때문에 마우스피스 구멍의 크기가 다를 수밖에 없다.

금관악기 중에서도 유독 호른, 트럼펫이 어려운 난이도의 악기라고 불리는데, 그 이유는 마우스피스 구멍의 크기에 있다. 마우스피스는 연주자가 내보내는 호흡을 깔때기처럼 모아 입술의 진동을 악기 본체에 전달하는 역할을 한다. 사실상 마우스피스만으로도 모든 음을 낼 수 있고, 악기 본체는 그 소리를 증폭시키는 확성기 역할을 한다고 볼 수 있다. 금관악기는 이 마우스피스 구멍이 작을수록 소리를 내기 훨씬 까다로워진다. 구멍이 작다는 것은 적은 호흡과 미세한 입술 진동을 정확하게 제어해야 한다는 뜻이기 때문이다. 호른과 트럼펫은 금관악기 중에서도 특히 마우스피스가 작아, 연주자가 감당해야 할 컨트롤의 난이도가 매우 높다.

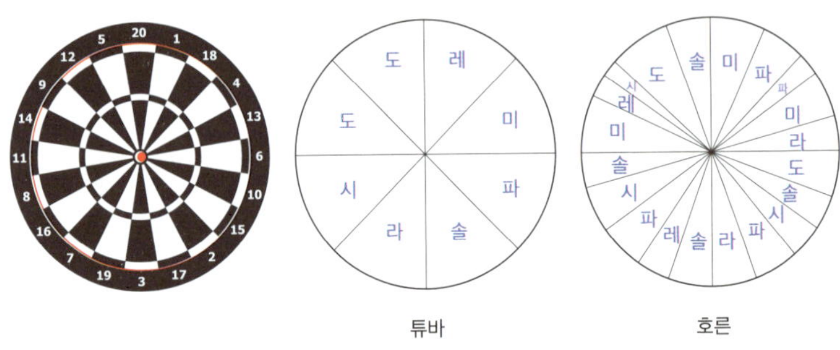

관악기는 소리를 낸다는 개념이 굉장히 추상적인데, 이를 조금 더 직관적으로 비유하자면 다트를 던지는 것과 비슷하다. 마우스피스의 크기가 작을수록 다트판의 '정답 칸'은 작고 촘촘해진다. 연주자가 원하는 음을 향해 호흡을 내뱉는 것은 다트판에 다트를 던지는 행위와 같다. 관의 길이가 길수록 다트판이 점점 멀어지며, 멀어질수록 그만큼 거리 계산까지 잘 해내야 한다. 만약 당신이 원하는 칸에 다트를 던져 소리를 냈다 하더라도 정확히 그 칸의 중심을 맞히지 않으면 소용이 없다. 음이 조금만 빗나가도 '미스 톤'이 되기 때문이다. 여기에 좋은 음색까지 유지해야 하니, 관악기 연주자들은 평생에 걸쳐 '소리를 내는 것' 자체를 훈련한다.

마우스피스 크기가 크면 쉬운 악기일까?

호른과 트럼펫은 마우스피스가 작으니 어려운 악기이고, 튜바나 트롬본은 마우스피스가 크니 상대적으로 쉬운 악기라고 단정하는 것은 큰 오산이다. 튜바는 큰 마우스피스에 걸맞게 10kg이 훌쩍 넘는 거대한 관을 이겨낼 호흡이 필요하다. 반면 호른은 마우스피스가 작은 데다 약 3.7m에 이르는 긴 관을 둥글게 감아낸 형태로, 호흡의 양뿐 아니라 호흡을 내보내는 정확한 타이밍이 동시에 필요하다.

'소리를 낸다'는 기준으로만 보면 어떤 악기는 쉬워 보일지도 모른다. 하지만 소리가 쉽게 난다고 해서 그 악기가 쉬운 것은 아니다. 피아노 건반에 손가락만 까딱해 '소리를 내는' 것과, 그 악기를 통해 '음악을 연주'하는 것은 전혀 다른 차원의 이야기이기 때문이다. 어떤 악기든 쉬운 점과 어려운 점이 공존한다. 이를 간과하고 아무 악기나 시작했다가는 큰코다칠 것이다.

트럼펫 Trumpet

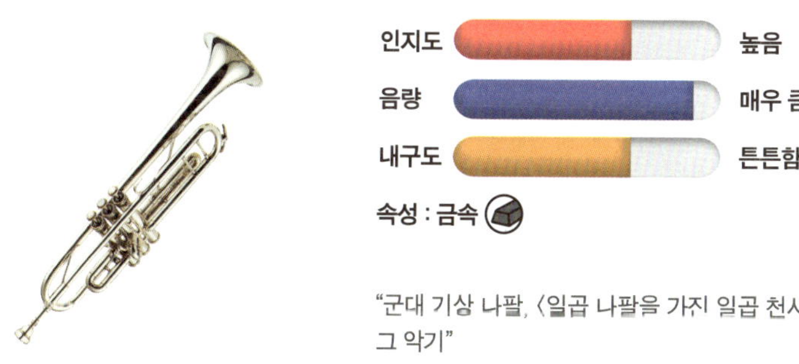

"군대 기상 나팔, 〈일곱 나팔을 가진 일곱 천사〉의 그 악기"

"직선으로 뻗는 소리"

트럼펫은 금관악기 중 가장 높은 음역대를 담당하는 악기다. 구조는 단순하지만 그 안에서 나오는 소리는 맑고 밝으며, 단 한 명만 연주해도 오케스트라 전체를 뚫고 나올 만큼 존재감이 크다. 선율을 이끄는 바이올린처럼 주 멜로디를 맡기도 하며, 핵심 주제를 명확하게 전달하는 데 매우 효과적이다. 직선적인 트럼펫의 소리는 어디에서든 공기를 가르며 곧게 뻗는다. 오케스트라, 군악대, 재즈 클럽을 막론하고 트럼펫이 한 음을 내는 순간 음악의 중심이 바뀔 정도다. 그만큼 강한 음색을 가지고 있으면서도, 감정 표현의 폭은 넓다.

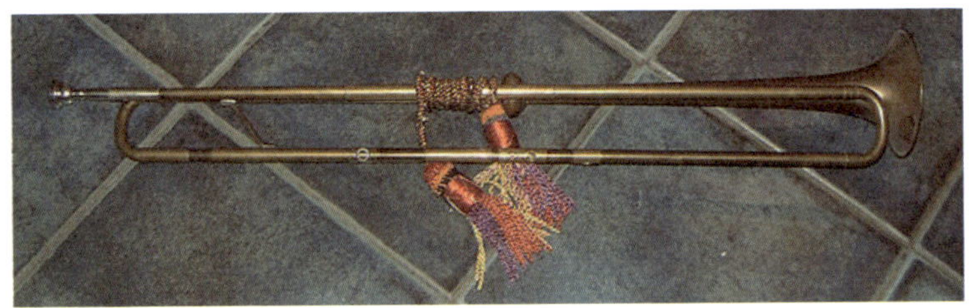

바로크 트럼펫의 재현(출처: Nevilley, Wikimedia Commons)

트럼펫의 역사는 놀라울 만큼 오래되었다. 기원전 2000년경 이집트의 벽화에도 그 모양이 등장하며, 큰 음량 덕분에 주로 전쟁 신호나 승전보를 알리는 팡파르에 사용되었다. 바흐와 헨델 시대(17~18세기)에는 소리를 바꾸는 별도의 키와 밸브[26] 없이 개방음[27]만으로 소리 내는 '내추럴 트럼펫'이 쓰였고, 18세기 말에는 악기에 구멍을 뚫고 키

---

[26] 손가락으로 눌러 공기가 지나는 관의 길이를 조절해 음을 변경하는 장치로, 트럼펫에는 보통 세 개의 밸브가 장착되어 있다.
[27] 손가락으로 장치를 누르지 않고 내는 소리.

귀 열어, 클래식 들어간다

를 단 키 트럼펫Keyed trumpet이 등장했다. 이후 19세기 초에 마침내 현대적인 밸브 시스템이 도입되면서 트럼펫은 비로소 모든 반음[28]을 자유자재로 연주할 수 있게 되었다. 고전 시대 작곡가 하이든이 이 밸브 시스템을 활용해 작곡한 〈트럼펫 협주곡〉은 지금까지도 트럼펫을 대표하는 명실상부 최고의 걸작으로 남아있다.

하이든 〈트럼펫 협주곡, 호보켄 번호 VIIe:1〉 3악장
J. Haydn 〈Trumpet Concerto, Hob.VIIe:1〉 3rd mov.
하이든 트럼펫 협주곡의 3악장은 〈장학퀴즈〉 오프닝, 〈오징어 게임〉 기상송으로도 유명하다.

트럼펫은 400~600만 원 선으로 다른 악기들보다 저렴한 편이지만, 조성별(B♭, C, E♭ 등)로 다양한 종류가 존재하며 곡의 쓰임새에 따라 악기를 변경해야 해 최소 3대 이상을 갖추는 경우가 많다. (이쯤 되면 '저렴한 악기'라고 하기는 어렵다.)

---

[28] 가장 가까운 거리(음정)의 두 음.

조성별로 다양한 트럼펫의 종류

좌 피스톤 트럼펫 Piston Trumpet, 우 로터리 트럼펫 Rotary Trumpet

오케스트라 공연장에 가면 트럼펫 연주자의 손과 악기 모양을 유심히 관찰해 보자. 트럼펫은 밸브를 누르는 방식에 따라 크게 피스톤 트럼펫과 로터리 트럼펫으로 나뉜다. 피스톤 트럼펫은 우리가 흔히 아는, 세 개의 버튼을 위아래로 꾹꾹 눌러 연주하는 방식이다. 반면 로터리 트럼펫은 호른처럼 옆에서 버튼을 누르면 밸브 안의 둥근 원통이 회전하면서 공기의 길을 열어주는 구동 방식을 가진다. 이 둘은 관의 전체 길이는 같지만, 관을 말아놓은 형태가 다르다. 그 결과 피스톤 트럼펫이 소리를 앞으로 직진시키며 찌르듯 화려하고 밝은 음색을 낸다면, 로터리 트럼펫은 소리가 사방으로 넓게 퍼지며 한층 둥글고 차분한 음색을 낸다.

이 때문에 오케스트라 연주자들은 곡의 성격에 맞춰 악기를 골라 쓴다. 솔로 성향이 강하고 쨍한 소리가 필요한 곡에서는 피스톤 트럼펫을 주로 쓰지만, 튀지 않고 부드러운 화음으로 섞여야 할 때는 오케스트라 전체를 따뜻하게 감싸주는 로터리 트럼펫을 더 선호한다.

KBS교향악단 단원이 말하는 Q&A
트럼펫 남관모 수석 단원 

Q. 오케스트라에서 트럼펫은 무슨 역할을 맡고 있나요?

A. 트럼펫은 오케스트라에서 가장 빛나는 색채를 담당하는 악기 중 하나입니다. 강렬한 팡파르처럼 곡의 분위기를 이끌기도 하고, 때로는 섬세하게 다른 악기들과 조화를 이루며 음악의 긴장과 해소를 만들어냅니다.

Q. 많은 악기 중에 트럼펫을 전공한 이유가 무엇인가요?

A. 저는 초등학교 관악부에서 처음 악기를 접했습니다. 여러 악기 중 선택할 기회가 있었는데, 그때 트럼펫이 가장 깨끗하고 상태가 좋아서 자연스럽게 선택하게 되었습니다. 관악부에서 친구들과 즐겁게 합주하면서 악기가 더 재미있어졌고, 중학교 때부터 본격적으로 전공을 시작했습니다.

Q. 다른 악기들과 비교할 때 트럼펫만의 장점이 있나요?

A. 트럼펫은 음색의 스펙트럼이 넓습니다. 웅장하고 화려한 사운드로 청중을 압도할 수도 있고, 반대로 아주 여리고 따뜻한 소리로 마음을 울릴 수도 있습니다. 이런 극적인 표현력 덕분에 솔로로서도, 앙상블 속에서도 매력이 돋보이는 악기라고 생각합니다.

Q. 마우스피스 구멍이 작을수록 소리 내기가 어렵다고 하는데, 피스 크기가 작기로 유명한 두 악기인 호른과 트럼펫 중에서 어떤 악기가 더 어렵나요?

A. 두 악기는 어려움의 성격이 조금 다릅니다. 호른은 음과 음 사이의 간격이 좁아서 정확한 음을 내기 어렵고, 트럼펫은 작은 마우스피스에 압력을 집중시켜 안정적인 소리를 내야 하기 때문에 쉽지 않습니다. 따라서 단순히 어느 쪽이 '더 어렵다'기보다는 서로 다른 어려움이 있다고 말하는 것이 더 정확합니다.

Q. 오케스트라에서 종종 일반적인 피스톤 트럼펫이 아닌 로터리 트럼펫을 사용하는 이유가 있나요?

A. 로터리 트럼펫은 소리가 조금 더 부드럽고 중후합니다. 특히 독일, 오스트리아 곡에서는 그 음색이 오케스트라 전체의 색채와 잘 어울리기 때문에 많이 사용합니다. 피스톤 트럼펫 또한 자주 사용하고 있으며, 곡의 성격에 따라 가장 어울리는 소리의 악기를 선택해 연주합니다.

Q. KBS교향악단 연주활동을 하면서 가장 보람을 느낀 순간은 언제인가요?

A. 객석에서 청중의 호흡이 느껴지고, 연주가 끝난 후 진심 어린 박수를 받을 때 가장 큰 보람을 느낍니다. 특히 오랜 기간 준비한 곡이 무대에서 잘 울려 퍼졌을 때, 그동안의 노력이 모두 보상받는 느낌이 들어 큰 감동을 받습니다.

Q. 앞으로의 꿈은 무엇인가요?

A. 단순히 무대에서 좋은 연주자가 되는 것을 넘어서, 제 연주를 통해 많은 분들이 위로와 감동을 받으셨으면 합니다. 현재 학생들을 가르치고 있는데, 후배들이 트럼펫의 매력을 느끼고 자신만의 음악을 찾을 수 있도록 돕는 일도 큰 보람입니다. 앞으로도 무대에서는 연주로, 무대 밖에서는 가르침과 나눔으로, 어디에서나 누군가에게 도움이 되는 음악가가 되고 싶습니다.

 **쓸데없고 근거 없는 TMI**

1. 트럼펫은 색소폰과 마찬가지로 다양한 장르에서 주인공으로 활약하고 있다.
2. 피스 구멍이 작을수록 소리 내기가 어렵기 때문에, 호른과 트럼펫은 대표적인 난이도 높은 금관악기로 꼽힌다.
3. 필자가 전공했던 악기도 트럼펫이다. *(사실 처음에는 트롬본과 이름을 헷갈려서 시작하게 되었다.)*

트롬본 Trombone

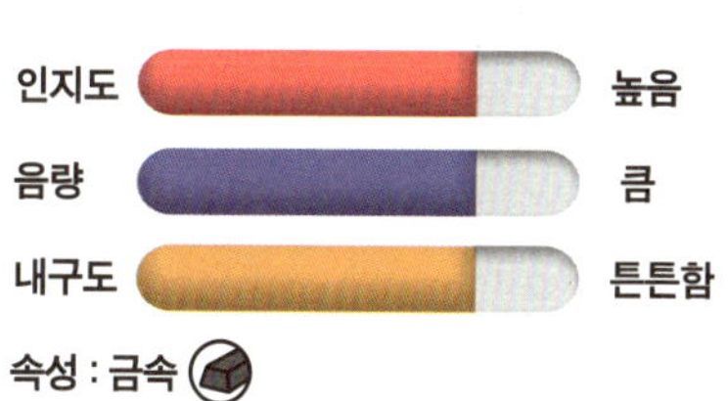

"밀어서 잠금 해제처럼 슬라이드 형태로 소리 내는 악기"

"밀어서 잠금 해제"

목관악기의 구조는 비교적 간단하다. 관에 구멍을 뚫고, 손가락으로 여닫는 방식만으로도 공기 기둥의 길이를 조절할 수 있고, 다양한 음을 만들어낼 수 있다. 하지만 금관악기는 다르다. 관이 훨씬 길고 구조도 복잡해 손가락으로 구멍을 막는 방식만으로는 다양한 음을 만들어낼 수 없는 물리적인 한계가 있다. 특히 낮은 음역의 금관악기일수록 더 그렇다. 트럼펫은 밸브 장치의 도입으로 연주자가 밸브를 누르면 그 순간 관의 길이가 늘어나며 다양한 음을 즉시 만들 수 있게 됐다. 호른은 그보다 앞서 조금 다른 방식으로 접근했다. 바로 연주자가 오른손을 벨 안에 넣어 음을 미세하게 조절하는 '핸드 스토핑Hand Stopping' 기법을 사용했다. 지금도 사용되는 이 방식은 밸브가 없던 시절 호른이 반음계Chromatic[29] 연주를 가능하게 했던 방법이다.

반면 트롬본은 금관악기 중 유일하게 슬라이드Slide를 이용해 음을 조절하는 악기다. 길게 뻗은 금속관을 앞뒤로 움직여 음의 높낮이를 만드는 이 단순하고 직관적인 구조는 트롬본만의 유연하고 인간적인 표현을 가능하게 한다. 트럼펫, 호른, 튜바 등 다른 금관악기는 밸브를 눌러 관의 길이를 바꾸는 방식이라면, 트롬본은 관을 직접 앞뒤로 밀고 당기며 음을 만든다.

---

[29] 옥타브 이내의 모든 반음을 늘어놓은 음계.

귀 열어, 클래식 들어간다

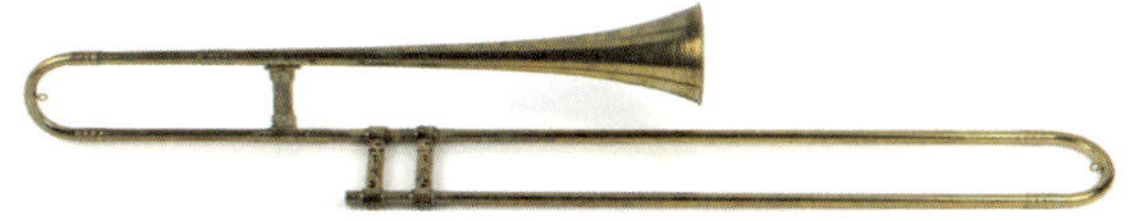

트롬본의 초기 모델, 색벗 Sackbut

트롬본은 왜 슬라이드 형태일까? 오늘날 트롬본의 형태는 15세기 후반 유럽에서 '색벗'이라는 이름으로 처음 등장했다. 당시 색벗은 교회 음악과 합창 반주에서 조용하고 은은한 소리를 담당했다. 이 시기의 트럼펫은 밸브가 없어 자연 배음(倍音)[30]만 사용할 수 있었기 때문에 조율이 제한적이었다. 반면 트롬본은 슬라이드를 통해 반음계 연주가 가능했고, 교회 음악이나 합창 반주에서 정확한 화성을 맞추기 위해 널리 활용되었다.

이후 오케스트라 음악의 폭이 넓어지며 트롬본도 점차 강한 울림과 넓은 음역을 갖춘 악기로 발전했다. 트롬본은 맑고 직접적인 고음, 묵직한 저음, 그리고 두 음 사이를 미끄러지듯 연결하는 '글리산도'(음이 끊기지 않고 상승 혹은 하행하는 주법)까지 다양한 표현을 자유롭게 소화할 수 있다. 그 소리는 때론 장엄하고, 때론 농담처럼 느슨하다. 이러한 다층적인 음색 덕분에 트롬본은 오케스트라뿐 아니라 군악대, 브라스 밴드, 재즈, 뮤지컬, 영화 음악 등 다양한 장르에서 핵심적인 역할을 맡는다. 슬라이드 하나로 만들어내는 단순한 구조 속에서, 트롬본

---

[30] 하나의 소리가 날 때, 그 소리 안에 숨어 있는 여러 층의 자연적인 소리들을 의미한다.

은 깊고 유려한 울림을 지닌 악기다.

KBS교향악단 단원이 말하는 Q&A
트롬본 윤지언 단원

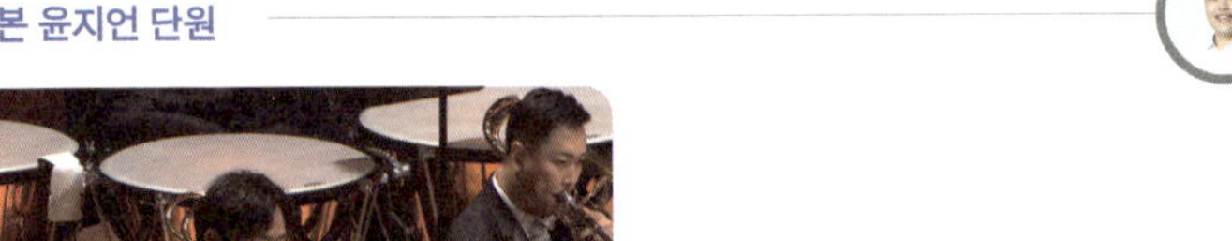

Q. 오케스트라에서 트롬본은 무슨 역할을 맡고 있나요?

A. 트롬본은 금관군의 중심적인 화성을 채우며 음악의 분위기를 만드는 역할을 합니다. 때로는 다른 악기군의 색채를 보조해 자연스럽게 연결하고, 때로는 팡파르처럼 강렬하고 파워풀한 소리로 대중들을 압도하며 곡을 이끌기도 합니다. 필요할 땐 솔로 악기로서 존재감을 드러내며 오케스트라 금관 파트에서 매우 중요한 위치를 차지하고 있습니다.

Q. 많은 악기 중에 트롬본을 전공한 이유는 무엇인가요?

A. 슬라이드의 매력에 한눈에 반했고, 따뜻한 트롬본의 음색이 너무 듣기 좋아 시작하게 되었습니다. 어릴 때 관악부에서 "입술이 두꺼우니 트롬본을 해봐"라고 추천받기도 했습니다. *(사실 입술 두께는 하나도 중요하지 않았습니다만….)*

Q. 다른 악기들과 비교할 때 트롬본만의 장점이 있나요?

A. 무엇보다 슬라이드라고 생각합니다! 슬라이드로 음을 조작하여 소리 내는

귀 열어, 클래식 들어간다

방식은 다른 악기군에 없는 엄청난 매력이라고 생각합니다. 대부분 관중이 트롬본이라고 하면 군악대나 마칭 밴드의 시끄러운 악기로만 생각하시지만, 슬라이드 덕분에 오히려 훨씬 부드럽고 따뜻한 음색을 낼 수 있는 악기입니다. 물론 정확한 음을 내려면 무수한 노력이 필요합니다만, 그만큼 잘해냈을 때의 음악적 표현은 정말 아름답습니다. 또한 트롬본은 고전 음악뿐 아니라 재즈, 팝 등 다양한 장르에 사용되는 악기라 여러 분위기에 어울리는 매력이 넘치는 악기라고 생각합니다.

Q. 일반적인 버튼식이 아닌 슬라이드로 소리 낸다는 점이 굉장히 특이한데, 슬라이드의 위치로 음이 바뀌면 헷갈리지 않나요? 비슷한 위치에 있으면 소리가 바뀌는 형태인가요, 아니면 슬라이드의 위치가 정확히 맞아야 그 음이 나는 건가요?

A. 트롬본은 크게는 7가지 슬라이드 포지션(운지)이 있습니다. 다른 금관악기처럼 똑같은 운지에서 여러 음이 나기 때문에 입술의 진동도 조절하면서 슬라이드 위치까지 정확히 맞아야 제대로 된 음을 낼 수 있습니다. 더 나아가 미세 조정까지 하면서 각 배음마다 미세하게 달라지는 슬라이드 위치를 수시로 조절해야 하고, 연주하는 사람이나 그날의 입술 컨디션에 따라 음이 미세하게 변하기 때문에 스스로 소리를 정확히 판단할 수 있는 좋은 '듣는 귀'를 갖는 것이 매우 중요합니다.

Q. 테너 트롬본(일반적으로 사용되는 트롬본)**을 연주할 줄 알면 베이스 트롬본**(더 낮은 음역의 트롬본)**도 연주할 수 있나요?**

A. 베이스 트롬본은 직경도 마우스피스도 매우 크기 때문에 사실상 테너 트롬본과 다른 영역입니다. 다만 기본 운지법이나 소리 내는 메커니즘이 비슷하기 때문에 연주는 가능합니다. *(호흡이 더 많이 들어가 힘들긴 합니다.)*

Q. 팔이 길면 트롬본 연주에 유리한가요?

A. "유리합니다!"라고 하면 전 세계의 팔이 길지 않은 프로 연주자들에게 수많은 질타를 받겠죠? 물론 팔이 길면 먼 포지션까지 여유롭게 움직일 수 있고, 자세가 좀 더 편할 수는 있습니다. 하지만 먼 포지션은 '가 포지션'[31]으로 충분히 대체할 수 있기 때문에, 팔 길이보다는 빠르고 정확하게 움직이는 민첩성이 더 중요하다고 생각합니다.

Q. KBS교향악단 연주활동을 하면서 가장 보람을 느낀 순간은 언제인가요?

A. KBS교향악단은 편성이 크고 어려운 곡을 많이 연주하기 때문에 그만큼 준비 과정도 어렵지만, 잘 해내고 난 뒤 관객들의 기립박수를 받을 때 가장 보람차다고 느낍니다. 모든 음악가가 다 똑같겠지만 연주의 규모와 상관없이 박수받는 순간의 감정은 표현하기 어려운 행복한 감정이라고 생각합니다.

Q. 앞으로의 꿈은 무엇인가요?

A. 항상 관객과 소통하며, 연주력은 물론 인간적으로도 기억에 남는 인상 깊은 연주자가 되는 것입니다.

 **쓸데없고 근거 없는 TMI**

> 1. 오케스트라의 모든 악기를 통틀어서 소리 내는 방식이 가장 독특하다. 연주자가 파워풀하게 슬라이드를 움직이며 낮은 저음을 뿜어내는 모습을 보면 상당히 멋있다.
> 2. 트럼펫과 이름이 비슷하다. 그도 그럴 것이, 트롬본은 이탈리아어로 '큰 트럼펫'을 의미하는 'Tromba'에 접미사 '-one'이 붙어 만들어졌기 때문이다.
> 3. 트롬본과 튜바 사이의 음역을 담당하는 베이스 트롬본도 있다. 일반 트롬본보다 벨이 더 크고, 날카로운 소리를 낼 수 있다.

---

[31] 본래의 슬라이드 위치(정 포지션)가 아닌, 다른 가까운 위치에서 동일한 음을 내는 '대체 포지션'.

 귀 열어, 클래식 들어간다

프렌치 호른 French Horn[32]

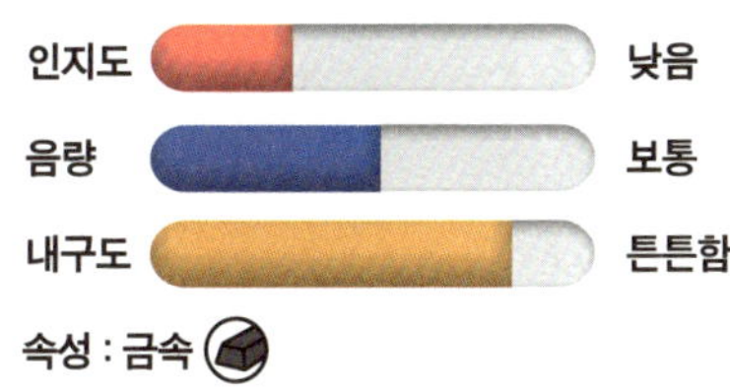

"무려 3.7m의 관을 달팽이처럼 말아서 만든 악기"

"둥글게 감은 울림"

프렌치 호른은 금관악기 중에서도 가장 복잡한 구조와 섬세한 음색을 가진 악기이다. 마치 달팽이 껍질처럼 긴 금속 튜브를 여러 번 감아 만든 독특한 외형을 가지고 있다. '호른'이라는 말은 본래 동물의 뿔을 의미한다. 고대에는 야생에서 볼 수 있는 동물의 뿔이나 고둥의 뾰족한 끝을 잘라 입을 대고 불며 소리를 냈고, 이는 오늘날 금관악기의 가장 오래된 형태로 인정받는다. 그렇기에 뿔은 호른뿐 아니라 트럼펫, 트롬본, 튜바 등 모든 금관악기의 조상이라 할 수 있다. 이스라엘의 전통 악기인 '쇼파르'도 그 흐름 안에 포함된다.

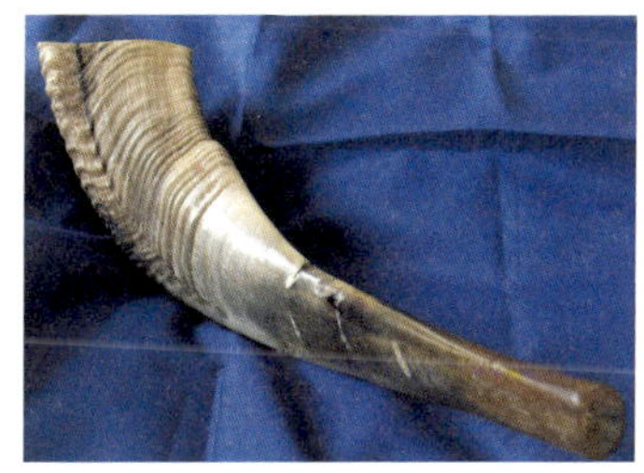

쇼파르 Shofar

---

[32] '프렌치 호른'이라는 표기가 널리 사용되고 있으며, '호른'이라고 부르기도 한다.

만약 호른을 길게 편다면?

호른의 가장 큰 특징은 바로 이 '말려 있는 관'이다. 이를 곧게 펴면 길이는 약 3.7m에 이른다. 이는 트럼펫의 두 배가 넘는 길이로, 금관악기 중에서도 손에 꼽히는 긴 관이다. 이렇게 긴 관이 필요한 이유는 풍부한 배음과 넓은 음역을 확보하기 위해서다. 하지만 3.7m의 관을 쭉 펴서 트럼펫처럼 연주하기엔 현실적인 제약이 컸다. 이동과 휴대는 물론, 연주 중의 균형도 맞추기 어려웠다. 오케스트라에서 연주하면 지휘자를 칠 정도의 길이이기 때문이다. 결국 호른은 관을 달팽이처럼 둥글게 감아 몸 가까이에 둘 수 있는 구조로 발전했다.

음향학적으로도 유리한 이 구조는 단순한 구조적 특성을 넘어 악기의 성격을 상징하는 형태이기도 하다. 감긴 관을 따라 음파가 자연스럽게 반사되면서 금속 악기 중에서도 가장 둥글고 따뜻한 음색이 만들어지기 때문이다.

KBS교향악단 금관 5중주 Brass Quintet

중음역대를 담당하는 호른은 금관 5중주 앙상블에서 트롬본과 트럼펫 사이를 자연스럽게 이어주는 역할을 한다. 자칫 직선적으로만 들릴 수 있는 금관 사운드를 한층 둥글게 감싸주는 존재인 셈이다.

"목관 5중주에도 등장하는 금관악기, 호른(?)"

목관 5중주는 일반적으로 플루트, 오보에, 클라리넷, 바순, 그리고 호른으로 구성된다. "엥? 호른은 금관악기인데 왜 목관 5중주에 들어갈까? 색소폰처럼 하이브리드인가?"라는 의문이 들 수도 있다. 호른은 금속으로 만들어졌으며, 마우스피스를 통해 입술 진동으로 소리를 내므로 명백한 금관악기다. 하지만 그 음색은 금관악기 중에서도 가장 부드럽고 따뜻하여 목관악기와도 살 어울린다. 플루트는 맑고 투명하고, 오보에는 날카롭고 호소력 있으며, 클라리넷은 부드럽고 유연하고, 바순은 낮고 중후하다. 여기에 중간 음역대를 부드럽게 메워주는 악기가 필요한데, 바로 호른이 제격이었던 것이다.

글리에르 〈호른 협주곡, 작품번호 91〉. 프랭크 로이드 연주.
R. Glière 〈Horn Concerto, Op.91〉

　호른의 음색을 가장 쉽게 찾을 수 있는 방법은 영웅이 많이 나오는 히어로물 영화나 SF 영화의 배경음악을 생각하면 된다. 금관악기인데 포근하면서도 웅장한 느낌의 소리가 들려온다면, 그것은 아마 호른일 것이다.

　솔로 악기로서도 훌륭하고 반주의 역할로도 완벽한 이 악기. 하지만 단점이 있다면 마우스피스가 매우 작은 데다 관이 너무 길어 정확한 타이밍에 소리를 내려면 엄청난 호흡이 필요하다는 점이다. 즉, 기본적인 '소리 내기'가 너무 어렵다는 것이다. 여러모로 불기 어려운 악기이지만 애석하게도 호른의 음색이 너무 매력적인 나머지 작곡가들은 호른을 더 주인공으로 만들었다. 그래서 오케스트라 곡에 솔로로 등장하는 파트가 다른 금관악기 파트보다 유독 많기도 하다. *(이런 이유로 어느*

KBS교향악단 단원이 말하는 Q&A
호른 조현우 단원 

Q. 오케스트라에서 호른은 무슨 역할을 맡고 있나요?

A. 호른은 금관악기군에 속해 있지만 목관과 금관의 중간 색채를 가지고 있습니다. 사이의 음향을 자연스럽게 이어주고, 때로는 서정적이거나 영웅적인 분위기를 만드는 중요한 솔로를 맡기도 합니다. 이러한 이유로 호른은 오케스트라에서 빠져선 안 될 핵심적인 악기입니다.

Q. 많은 악기 중에 호른을 전공한 이유는 무엇인가요?

A. 먼저 호른을 전공한 친형의 영향이 가장 컸습니다. 남들에게는 생소한 악기였지만 저는 어렸을 적 집에서 자연스레 악기를 접할 수 있었고, 교육에 열정적이셨던 어머니의 지원 덕분에 저도 자연스럽게 호른을 통해 음악 공부를 할 수 있게 되었습니다. 현재 친형도 전주시립교향악단의 호른 수석으로 활동하고 있습니다.

Q. 다른 악기들과 비교할 때 호른만의 장점이 있나요?

A. 호른은 일 복이 많습니다. 악기의 역사가 굉장히 오래되었고, 다양한 음색과 음역대로 고전부터 낭만, 현대 음악까지 여러 작곡가들에게 사랑받아오고 있지요. 고전 음악에서는 보통 2~4명의 연주자가 필요한데, 말러, 슈트라우스, 스트라빈스키 같은 후기 낭만~현대의 작곡가들은 대규모 작품을 위해 8대, 혹은 10대 이상을 사용했습니다. 많은 호른이 모여 만들어내는 압도적인 에너지로 멋있는 연주를 할 수 있다는 점과 일 복이 많다는 점이 장점이라고 생각합니다.

Q. 마우스피스 구멍이 작을수록 소리 내기가 어렵다고 하는데, 피스 크기가 작기로 유명한 두 악기인 호른과 트럼펫 중에서 어떤 악기가 더 어렵나요?

A. 난이도를 결정짓는 건 마우스피스 크기보다 악기가 가진 배음이라고 생각합니다. 개인적으로는 관이 훨씬 긴 호른이 배음의 개수가 많기 때문에 배우기도, 연주하기도 더 까다롭다고 생각합니다.[33] 하지만 오케스트라에는 다양한 악기가 있고, 악기마다 어려운 고충들은 제각각 다르기 때문에 세상에 쉬운 악기는 없는 것 같습니다.

Q. 속설에 따르면 호른 연주자들은 탈모가 많다는데 사실인가요? 그렇다면 그 이유는 뭘까요?

A. 스트레스가 탈모에 영향을 주는 건 사실입니다. 앞서 말씀드렸다시피 호른은 소리를 내고 연주하는 것 자체가 굉장히 까다롭습니다. 수많은 관중 앞에서 미스 톤(이탈음) 없이 연주하기 위한 연습은 호른 연주자에게 일상이고, 많은 노력과 스트레스가 동반되기 때문에 아주 근거 없는 이야기는 아닌 것 같습니다. 감사하게도 저는 아직 무사합니다.

---

[33] 배음의 개수가 많은 것은 곧 다트판의 칸이 많은 것과 같다. 관이 긴 만큼 내보내는 호흡의 양과 그 타이밍까지 정확히 조절해야 한다.

Q. 호른은 관이 3.7m나 되어 호흡이 많이 필요하다고 하는데, 폐활량을 위해 따로 하는 노력이나 운동이 있나요?

A. 관의 길이가 길기 때문에 호흡 컨트롤이 중요합니다. 최근 우연히 러닝을 접하게 되었는데, 악기 연습에도 큰 도움을 받아 지금까지 꾸준히 하고 있습니다. 연주자에게 운동은 필수적입니다.

Q. 호른은 교향곡에서 솔로도 많고 유독 어려워 보이는데, 그만큼 스트레스가 대단할 것 같아요. 호른 연주자들의 인식은 어떤지, 또 단원님은 이 스트레스를 어떻게 푸는지 궁금합니다. 아니면 어려워서 오히려 즐기시나요?

A. 컨디션이 좋지 않거나 만족스럽지 않은 연주를 했을 때 오는 스트레스는 피할 수 없습니다. 그렇기에 체력 증진과 정신 건강에 좋은 운동은 필수적이며, 연습을 통해 집중력을 높이며 계속 공부하고 성장하려고 노력합니다.

Q. KBS교향악단 연주활동을 하면서 가장 보람을 느낀 순간은 언제인가요?

A. 관객과 하나가 되는 연주를 했을 때 가장 행복합니다.

Q. 앞으로의 꿈은 무엇인가요?

A. 좋은 연주자가 되는 것이 학창시절부터 품어왔던 꿈입니다.

 **쓸데없고 근거 없는 TMI**

> 1. 호른 연주자들은 탈모인 사람이 많다는 말이 있다. 호른의 어려운 난이도에 시달려 스트레스가 높다는 게 그 요인이라고 하는데, 우스갯소리로 "이마가 넓은 호른 연주자가 더 잘하는 것 같다"고들 한다. 그래서 개인적으로는 오히려 이마가 넓은 것이 '실력의 상징'으로 보이곤 한다.
> 2. 귀금속 같이 반짝이며 아름다운 음색을 가진 호른은 많은 여성들의 로망이다.

튜바 Tuba

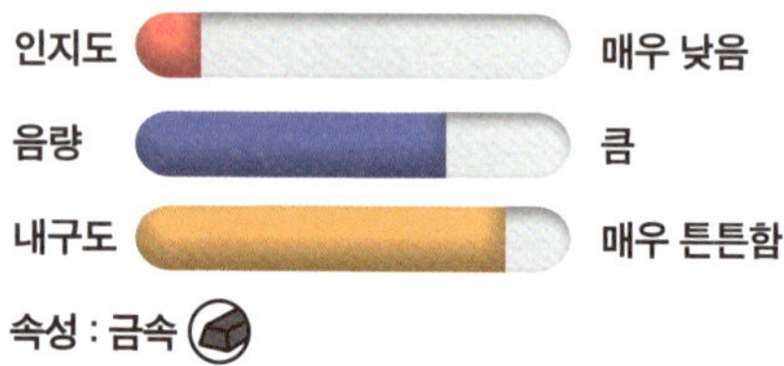

"어마어마하게 큰 대포처럼 생긴 악기"

"금관악기계의 더블베이스"

튜바는 오케스트라의 가장자리에서 가장 낮은 음을 내며 묵묵히 자리를 지키지만, 그 울림은 언제나 바닥을 만들고 중심을 잡는다. 단 한 음으로도 곡의 무게중심을 결정짓는 악기라 해도 과언이 아니다.

오피클라이드 Ophicleide

19세기 중반 독일에서 개발된 이 악기는 금관악기 역사에서 비교적 늦게 등장한 신참에 가깝다. 하지만 등장과 동시에 오케스트라의 저음을 완성하는 역할을 맡게 되었다. 이전까지 이 영역을 담당하던 오피클라이드나 세르팡[34] 같은 악기들은 음

---

[34] 각각 19세기, 16세기 후반에 만들어진 악기로, 현대의 튜바처럼 가장 낮은 음역대를 연주하던 악기.

이 불안하고 울림이 부족했는데, 튜바는 이 문제를 한 번에 해결했다. 정확한 음과 깊이 있는 음색은 금관악기의 저음역을 단단히 지탱하기에 충분한 악기였다.

튜바는 크기는 보통 약 90~120cm 정도로 연주자의 대부분을 가릴 정도로 엄청난 크기를 자랑한다. 일반적으로 가장 낮은 음역대에서 오케스트라의 전체의 하모니와 곡의 리듬을 받쳐준다. 때로는 베이스 트롬본이나 콘트라바순과 함께 소리를 겹치며 무게감을 더하고, 때로는 전면에 나서서 묵직한 선율을 만든다. 브람스, 말러, 쇼스타코비치, 존 윌리엄스 같은 작곡가들이 튜바를 적극적으로 사용한 이유는 단순히 그 음역 때문만이 아니다. 곡의 정서를 아래에서부터 천천히 끌어올리는 힘, 그 느리고 깊은 감정선 때문이다.

베를리오즈 〈환상 교향곡, 작품번호 14〉. 피에타리 잉키넨 지휘.
H. Berlioz 〈Symphonie Fantastique, Op.14〉
튜바의 'Dies Irae' 멜로디 솔로 파트(43:17)를 들어보자.

튜바를 서서 움직이며
불 수 있게 만든
수자폰 Sousaphone

튜바는 악기를 무릎 위에 올린 채 두 손으로 지지하며 숨을 불어넣어 연주한다. 무게 중심이 아래에 있고 벨은 위를 향해 있어, 실내 무대에 앉아서 연주할 때는 안정적이고 자연스럽다. 하지만 무대 밖, 특히 움직이며 연주해야 하는 마칭 밴드 환경에서는 이 구조가 전혀 적합하지 않다. 그래서 튜바는 마칭 밴드에 들어오면서 새로운 형태로 진화했고, 그 결과물이 바로 '수자폰'이다.

존 필립 수자 J. P. Sousa

수자폰은 튜바를 사람의 몸에 맞게 재설계한 악기다. 1890년대, 미국의 군악대 지휘자이자 행진곡 작곡가였던 '존 필립 수자'의 요청으로 만들어졌고, 그의 이름을 따 '수자폰'이라 불리게 되었다. 수자폰은 걷고, 움직이고, 회전하면서도 안정적으로 연주할 수 있다. 이 구조는 단순히 편의성만을 위한 것이 아니다. 수자폰은 소리의 방향까지 새롭게 설계했다. 일반 튜바의 벨은 위로 향해 있어 실내 홀의 천장을 타고 울림이 퍼지도록 만들어졌다. 하지만 마칭 밴드는 대부분 야외에서 연주된다. 관객은 앞에 있고, 소리는 공중이 아닌 정면으로 뻗어나가야 한다. 이를 반영해 수자폰의 벨은 앞으로 크게 열려 있다. 덕분에 소리가 보다 직접적이고 명확하게 관객에게 도달할 수 있었고, 야외 행진에서 시선을 강탈할 뿐만 아니라 묵직한 저음을 효과적으로 낼 수 있게 되었다.

 **쓸데없고 근거 없는 TMI**

1. 튜바 연주자들은 키가 작고 체격이 크다는 편견이 있다. 아는 튜바 연주자에게 물어봤더니 차가 없는 학생 시절에는 늘 무거운 튜바를 어깨에 메고 다니다 보니 키가 옆으로 큰 것이라고 했다. *(음….)*

타악기
Percussion

소리로 공간을 만드는 타악기

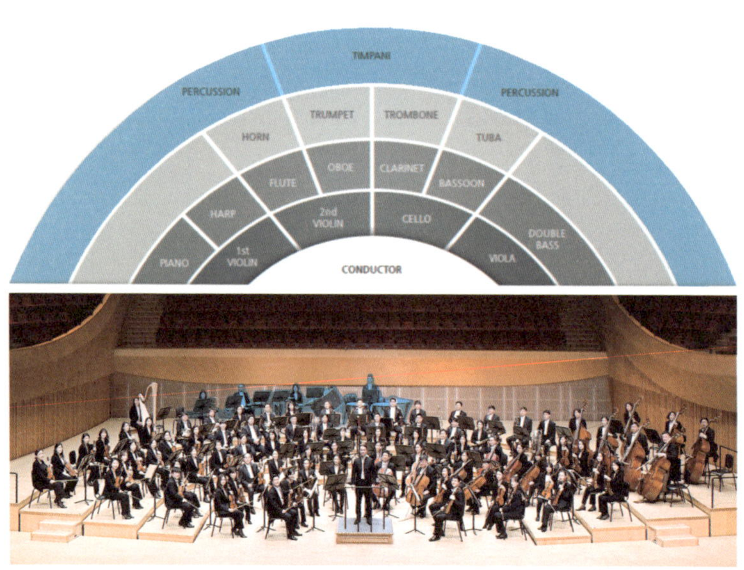

모든 악기 중 가장 오래된 악기는 무엇일까. 인간은 손가락으로 줄을 튕기기 전, 입으로 바람을 불기 전, 먼저 두드리는 법을 먼저 배웠

  귀 열어, 클래식 들어간다

다. 타악기는 소리 이전의 본능이자 음악 이전의 리듬이다. 원시 의식에서 군대의 행진까지, 타악기는 언제나 리듬과 선언의 도구였다. 오케스트라 안에서 타악기군은 독특한 존재다. 다른 악기들은 선율이나 화음을 중심으로 움직이지만, 타악기군은 박자와 에너지, 구조를 설계한다. 때로는 시간을 끌고, 때로는 공간을 나누며 음악의 형태를 만든다. 현악기가 선율을 이끌고 관악기가 색을 칠할 때, 타악기는 형태와 리듬의 뼈대를 세운다.

타악기는 그 종류가 매우 다양하다. 음높이가 있는 악기와 없는 악기로 나뉘며, 재료나 소리의 성격에 따라 또다시 세분화된다. 하나의 악기군 안에 가장 많은 역할이 공존한다.

(왼쪽 위부터 시계 방향 순) 팀파니, 큰북, 스네어 드럼, 심벌즈, 마림바, 첼레스타

 **쓸데없고 근거 없는 TMI**

팀파니 Timpani

"제2의 지휘자"

팀파니는 네 개의 북으로 구성되어, 오케스트라 전체를 이끌어가는 악기다. 수많은 공이 굴러가듯 빠르게 양손으로 북을 두드리는 '롤 Roll' 주법으로 긴장감을 주거나, 툭툭 끊어내는 리듬으로 오케스트라 전체의 방향성과 리듬을 잡아주기도 한다.

지휘자가 무대 가장 앞에서 오케스트라를 바라본다면, 팀파니는 무대 가장 뒤편, 가장 높은 위치에서 지휘자의 정면을 마주한다. 마치 양 떼를 모는 보더콜리처럼 오케스트라가 분위기에 취해 빨라지거나 느려지지 않도록 팀파니가 중심을 잡는다. 지휘자의 의도를 가장 잘 파악

해야 하기 때문에 팀파니는 제2의 지휘자라고도 불린다.

애틋하게 서로 마주보는 위치의 팀파니 연주자와 지휘자

팀파니의 구조

팀파니 찢어지기
3초 전

KBS교향악단 공연 중 실제로 팀파니가 찢어진 사건을 다룬 콘텐츠

큰 북과 작은 북, 장구와 같은 대부분의 북은 음높이를 갖지 않는다. 하지만 팀파니는 예외로 북이면서도 정확한 음을 낼 수 있는 구조를 가지고 있는 '유율타악기'[35]다. 팀파니의 머리 부분은 얇은 가죽(또는 합성막)으로 덮여 있고, 그 아래 둥근 동체는 구리나 알루미늄으로 만들어져 있다. 이 가죽의

때로는 팀파니의 얇은 가죽이 현대 음악이 될 수도 있다. 마우리치오 카겔 M. Kagel의 〈팀파니와 오케스트라를 위한 협주곡〉 중 마지막에 '팀파니를 찢으며 머리를 박아라'라는 지시사항이 있다.

장력을 조절하면 음높이가 바뀌는데, 이게 바로 팀파니가 음을 가지는

---

[35] 일정한 음높이를 지닌 타악기.

이유다. 팀파니의 스틱인 '말렛mallet'으로 이 얇은 가죽을 직접적으로 치기 때문에 가끔 온도, 습도의 변화나 악기의 노후로 인해 가죽이 찢어지는 불상사가 생기기도 한다. 금속으로 만들어져 굉장히 튼튼한 악기라고 생각할 수 있지만, 두드리는 곳은 매우 얇은 가죽이기 때문에 현악기만큼이나 섬세하게 다뤄야 한다.

현대의 팀파니에는 대부분 페달 장치가 달려 있다. 연주자는 발로 페달을 눌러 가죽의 장력을 실시간으로 조절하며 연주 중에도 자유롭게 음을 바꿀 수 있다. 마치 현악기의 활이나 관악기의 밸브처럼, 팀파니의 페달은 소리를 움직이게 하는 핵심 장치다. 덕분에 팀파니는 단순

팀파니의 음을 바꾸는 튜닝 페달. 평소 자동차 엑셀과 비슷하게 생겼다고 생각했는데, 직접 밟아보니 느낌도 비슷했다.

한 '쿵'이 아니라, C나 G, Ab처럼 정확한 음을 낼 수 있다. 실제로 팀파니 악보에도 '이 팀파니는 D와 A로 조율하라'와 같은 지시가 자주 등장한다. 이 때문에 작곡가들은 팀파니를 단순히 리듬의 도구가 아닌 하모니의 일부, 즉 '화성적인 역할'을 맡는 악기로 사용해 왔다. 특히 베토벤, 말러, 스트라빈스키 같은 작곡가들은 팀파니에 정확한 음을 부여하고, 이를 통해 음악의 드라마를 만들었다.

　타악기 연주자 대부분은 팀파니를 연주할 수 있고, 팀파니 연주자 역시 다른 타악기를 연주할 수 있다. 그렇지만 바이올린 단원과 비올라 단원이 다른 것처럼 타악기 수석, 부수석과 별도로 팀파니 수석, 부수석이 존재한다.

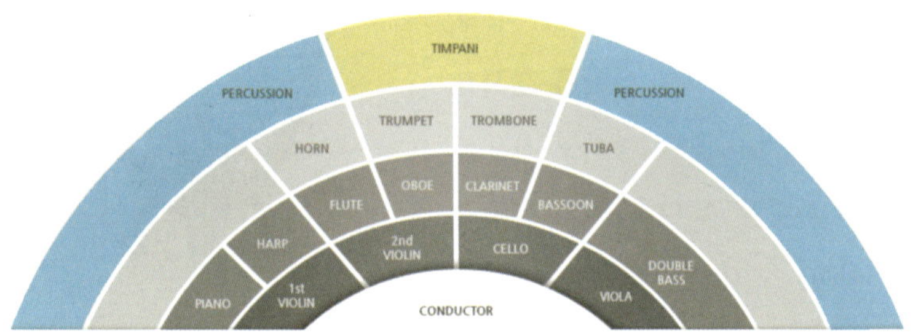

KBS교향악단 단원 구성표, 팀파니와 타악기가 구분되어 있다.

　이 구분의 이유는 팀파니의 역할에 있다. 타악기 섹션은 다양한 악기를 오가며 색과 효과를 만들어내지만, 팀파니는 명확한 음정을 내는 유일한 북이다. 다른 타악기 대부분이 음높이를 갖지 않는 것과 달리, 팀파니는 정확한 음높이를 요구받기 때문에 전문성과 책임이 더욱 크게 작용한다. 그래서 팀파니는 타악기군 안에 있으면서도 독립적인 포지션으로 관리되는 것이다.

쇼스타코비치 〈교향곡 제11번, 작품번호 103 '1905년'〉
D. Shostakovich 〈Symphony No.11, Op.103 'The Year 1905'〉
팀파니가 찢어졌던 그 공연이다. 팀파니가 매우 중요하게 나오는 구간을 들어보자.

🔆 쓸데없고 근거 없는 TMI

1. 4개의 팀파니 앞에 연주자가 앉아 있는 모습을 보면 마치 오케스트라 사운드를 실시간으로 믹싱하는 오디오 컨트롤 룸처럼 보일 때가 있다.
2. 무대 맨 뒤에 자리하지만, 지휘자 다음으로 가장 강한 존재감을 드러내는 악기가 아닐까 싶다. 큰 음량과 과감한 타격 모션들이 굉장히 카리스마 있다.

큰북 Bass Drum

"정말 크다, 큰북"

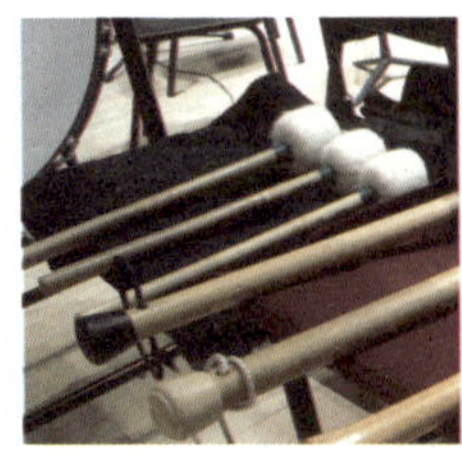
큰북을 치는 나무 북채

큰북은 말 그대로 크다. 오케스트라 안에서도 가장 눈에 띄는 악기 중 하나다. 그러나 이 악기가 '큰' 이유는 단순히 덩치 때문만은 아니다. 소리 한 번이면 분위기가 바뀌고, 울림 한 번이면 시간의 흐름이 뒤집힌다. 곡에 자주 등장하지는 않지만, 들리는 순간 그 존재는 지워지지 않는다. 큰북은 지름이 약 100cm 이상에 달하는 거대한 원통 양면에 가죽을 넓게 팽팽히 고정한 구조다. 연주자는 끝에 부드러운 펠트가 달린 망치처럼 커다란 전용 북채로 가죽을 힘차게 타격해, 바닥을 진동시키는 깊은 소리를 낸다.

쓸데없고 근거 없는 TMI

1. 타악기는 이름이 참 직관적인 것 같다. 크니까 큰북, 작으니까 작은북, '탐탐' 하는 소리가 나면 탐탐.
2. 큰북은 타이밍이 무엇보다 중요하다. 생각보다 소리가 무겁고 통 울림으로 전해지며, 북채가 가죽에 닿는 순간보다 울림이 객석에 도달하는 시간이 더 늦기 때문이다.

작은북 Snare Drum

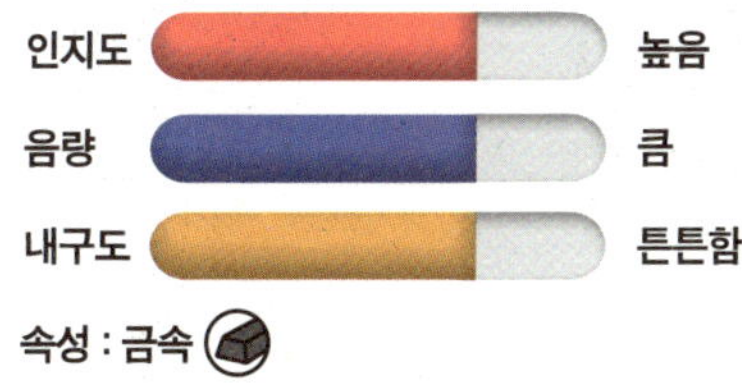

"날카롭고도 재빠른 작은북"

"뱀처럼 날카롭고 재빠른 악기"

큰북이 거대한 울림으로 공간을 흔든다면, 작은북은 그 울림 사이를 파고들며 박자를 쪼개어 빈 공간을 채워가는 악기다. 이 악기의 핵심은 바로 '스네어Snare'에 있다. 북의 아랫면, 헤드 바로 아래에는 얇은 스네어(쇠줄이나 강선)가 팽팽하게 붙어 있는데, 이것이 진동하면서 특유의 날카롭고 섬세한 소리를 만들어낸다. 단순한 '둥'이 아니라, '트르르' 하고 잡아당기는 듯한 울림. 이 섬세한 진동이 스네어 드럼의 사운드를 완성한다.

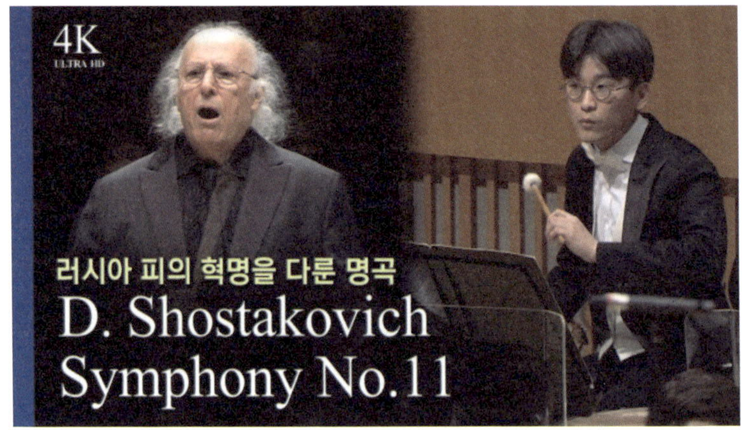

쇼스타코비치 〈교향곡 제11번, 작품번호 103 '1905년'〉, 엘리아후 인발 지휘.
D. Shostakovich 〈Symphony No.11, Op.103 'The Year 1905'〉
팀파니의 신호를 스네어 드럼이 이어받는다.
러시아의 '피의 일요일 사건'을 배경으로 시위대를 향해 발포하는 소리를 담아 내었다.

라벨 〈볼레로, 작품번호 81〉
M. Ravel 〈Boléro, M.81〉
곡의 처음부터 끝까지 약 13분간 스네어 드럼이 동일한 리듬을 연주해야 한다.
연주자 입장에선 악몽 그 자체….

귀 열어, 클래식 들어간다

재빠르게 움직여야 하는 만큼 연주 방식도 단순하지 않다. 양손으로 빠르게 번갈아 치는 기본적인 롤 주법뿐 아니라, 스틱의 각도와 압력, 타격 위치에 따라 전혀 다른 소리를 만들어낸다. 가장자리를 스틱으로 긁거나 두드리면 마치 빗방울 같은 소리가 나고, 아랫면의 스네어를 해제하면 부드럽고 둔탁한 소리로 변한다.

라흐마니노프 〈피아노 협주곡 제3번, 작품번호 30〉
S. Rachmaninoff 〈Piano Concerto No.3, Op.30〉
리허설 중 스네어 드럼 바로 옆에서 찍어본 쇼츠 영상

한 악기 안에서 다양한 '표정'을 만들어낼 수 있다는 점에서 스네어 드럼은 작지만 가장 유연한 악기라 할 수 있다. 스네어 드럼은 위협적인 사운드도, 경쾌한 리듬도 모두 가능하다. 결국 이 악기의 성격은 연주자가 어떻게 조이고 푸느냐에 달려 있다. 크기는 작지만, 소리의 정확도와 긴장감으로 오케스트라 전체를 이끌기도 한다.

그 외 악기

"두 개의 금속판, 심벌즈 Cymbals"

그리스어 'Kumbalom'(작은 그릇)에서 유래한 라틴어 'Cymbalum'에서 탄생한 심벌즈는 두 개의 둥근 금속판으로 이루어져 겉보기엔 단순하다. 그러나 이 얇고 납작한 원형은 충돌하는 순간 음악의 모든 균형을 무너뜨릴 수 있는 힘을 품고 있다. 두 판을 세게 부딪히면 찢어질 듯한 강한 소리가 나고, 가볍게 스치면 섬세한 잔향이 공중에 퍼진다. 소리를 '낸다'기보다, '터뜨린다'는 표현이 더 어울리는 악기다. 그래서 주로 곡의 전환점이나 클라이맥스에서 폭발적인 진행감을 주기 위해 주로 사용된다.

차이콥스키 〈교향곡 제4번〉 제4악장 마지막 부분에 심벌즈의 소리에 주목해보자.
무거운 심벌즈로 헬스트레이닝하는 매튜 단원을 볼 수 있다.

"아이폰 벨소리의 그 악기, 마림바 Marimba"

아이폰 벨소리 중 가장 유명한 멜로디를 연주하는 악기가 바로 마림바다. 마림바는 팀파니와 마찬가지로 음이 있는 유율타악기다. 이 악기의 이름은 아프리카의 반투어족 언어에서 유래한 것으로, '마ma'는 '많은', '림바rimba'는 '하나의 건반'이라는 뜻이다. 마림바는 '말렛'

이라는 채로 나무 건반을 두드려 소리를 낸다. 건반 아래에는 공명관이 달려 있어 두드리는 순간 그 진동이 아래로 퍼지며 깊은 울림을 만든다.

건반은 주로 로즈우드[36]나 합성목으로 만들어지며, 정밀하게 조율된다. 보통 4~5옥타브에 이르는 넓은 음역을 갖고 있어 저음부터 고음까지 선율 연주가 가능하다. 피아노처럼 멜로디와 화성을 모두 소화할 수 있는 타악기이기에 마림바를 위한 협주곡이 따로 존재할 정도다. 따라서 마림바는 단순한 타악기를 넘어 선율, 하모니를 담당하는 악기라고 할 수 있다.

"피아노처럼 생긴 유율타악기, 첼레스타 Celesta"

<hr>

[36] 아마존 유역에서 자생하는 나무로, 지판이나 넥의 재질로도 많이 사용된다.

첼레스타는 건반으로 연주하는 타악기다. 외형은 피아노와 닮았지만, 소리를 만드는 방식은 전혀 다르다. 건반을 누르면 내부의 해머가 줄이 아닌 금속판(또는 금속 튜브)을 때린다. 그 진동이 아래에 있는 공명 상자를 통해 퍼지며 맑고 투명한 금속성 음색을 낸다. 피아노처럼 연주하지만, 실제로는 건반 타악기에 속한다. 이 악기는 오르간 제작자 '오귀스트 뮈스텔A. Mustel'에 의해 1886년 프랑스에서 발명되었다. '첼레스타'라는 이름은 라틴어 'Caelestis'(천상의, 하늘의)에서 유래했는데, 그 이름처럼 소리는 부드럽고 깨끗하며 종소리 같은 느낌을 준다.

차이콥스키 〈호두까기 인형 중 '사탕 요정의 춤'〉
P. I. Tchaikovsky 〈The Nutcracker Suite 'Dance of the Sugar Plum Fairy'〉
첼레스타의 음색을 가장 잘 보여주는 작품으로, 첼레스타가 주인공으로 나온다.

PART 3

클래식 Shorts Story

베를리오즈
: 집착에서 태어난 교향곡

#환상속의그대   #고정악상   #교향시

음악으로 만든 5부작 드라마

1830년 프랑스 파리. 혁명과 낭만의 기운이 뒤섞인 이 도시에 한 청년 작곡가가 있었다. 그의 이름은 '엑토르 베를리오즈'. 음악을 위해 의학을 버리고, 작곡을 위해 세상의 규범을 걷어찼던 열정가였다. 그리고 그가 쓴 단 하나의 교향곡이 그의 인생을 바꾸어 놓는다. 그 곡의 이름은 바로 〈환상 교향곡Symphonie Fantastique〉. 하지만 이 곡은 단순한 음악이 아니다. 사랑에 미쳐버린 남자의 자서전, 망상과 광기, 죽음과 환상으로 이어지는 연극, 그리고 무엇보다도 그녀를 향한 일방적이고 광적인 연서(戀書)다.

모든 이야기는 한 여인으로부터 시작되었다. 이름은 해리엇 스미스슨, 셰익스피어 연극 〈햄릿〉에서 '오필리아'로 열연한 영국의 젊은 배우이다. 베를리오즈는 파리에서 그녀의 연극을 본 순간, 말 그대로 한눈에 사랑에 빠진다. 직접 말을 걸어본 적도 없으면서 그녀를 자신의 운명이라 믿어버린다. 베를리오즈는 팬레터를 숱하게 보내

베를리오즈가 한눈에 반했던
해리엇 스미스슨 H. Smithson

지만 아무런 답장을 받지 못했고, 그녀를 향한 집착은 곧 음악으로 옮겨간다.

그는 스스로를 '버림받은 예술가'라 상상하며 광기 어린 사랑의 서사를 담은 교향곡을 작곡하기 시작한다. 이 곡은 그저 감정을 묘사하는 수준이 아니다. 악장마다 이야기 구조를 직접 설계하며 극적인 줄거리를 만들고, '고정악상Idée Fixe'(이데 픽스)[1]이라는 개념을 고안해 자신이 짝사랑하는 여인을 형상화한 멜로디를 곡 전반에 반복적으로 나타나게 하였다. 요즘 말로 하면 거의 음악으로 만든 넷플릭스 드라마인 셈이다.

이 교향곡은 1830년 12월 5일, 파리 음악원에서 초연된다. 관객들은 충격에 빠졌다. 클래식 음악에 이렇게 서사가 있고, 이렇게 미쳐 있을 수 있다는 걸 아무도 몰랐다. 베를리오즈는 짝사랑하는 그녀에게 헌정한 곡이었기에 공연에 오기를 바랐지만, 그녀는 모습을 보이지 않았다.

〈환상 교향곡〉이 세상에 울려 퍼진 지 몇 해가 흐른 뒤, 베를리오즈는 작곡가로서 인정받기 시작했고, 세상은 그의 이름을 조금씩 불러주었다. 그리고 1833년, 그토록 불가능해 보였던 일이 현실이 된다. 그가 음

---

[1] 음악에서 하나의 개념이나 인물을 상징하며 반복해서 나타나는 상징적인 멜로디 주제 또는 중심적 악상. 베를리오즈가 〈환상 교향곡〉에서 처음으로 사용했다.

악으로 사랑했던 여인, 해리엇 스미스슨과 결혼한 것이다. 결혼식에는 그들의 친구이자 음악가 프란츠 리스트F. Liszt가 입회인으로 참석했다. 한때 죽음을 생각할 만큼 치열했던 실연의 감정은, 이제 그녀의 손을 잡으며 결실을 맺은 셈이었다.

하지만 현실은 환상처럼 지속되지 않았다. 배우로서 스미스슨의 인기가 떨어지자 그녀는 좌절했고, 알코올에 빠져들었다. 그 무렵, 베를리오즈는 새로운 사랑을 만나게 된다. 평소 친하게 지내던 가수인 '마리아 레치오'였다. 결국, 〈환상 교향곡〉으로 시작된 그의 사랑은 두 아내가 함께 잠든 자리에서 조용히 마지막 악장을 맞는다.

망상의 구조

곡 전체를 들으며 악장마다 그녀의 이미지가 어떻게 표현되는지 살펴보면 좋다. 이 교향곡은 총 다섯 악장으로 이루어져 있으며, 각 악장은 그녀를 향한 광기가 점점 극단으로 치닫는 과정을 그린다. 그녀의 이미지는 곡 전체를 지배하는 '이데 픽스'라는 주제로 반복된다. 이 음악적 모티브는 쉽게 말하면 그녀의 테마곡이다.

베를리오즈 〈환상 교향곡, 작품번호 14〉. 피에타리 잉키넨 지휘.
H. Berlioz 〈Symphonie Fantastique, Op.14〉

1악장 꿈 - 열정
1st mov, Rêveries - Passions

서주는 목관악기의 투명한 음색으로 조용히 막을 연다. 청년은 신비한 여인을 만나 사랑에 빠지고, 그녀를 상징하는 고정악상이 약음기[2]를 장착한 현악기의 애틋한 선율로 등장한다. 한숨을 표현하는 하행하는 모티브는 절망을 반복하고, 급변하는 템포는 청년의 불안한 심리를 여과 없이 드러낸다.

2악장 무도회
2nd mov, Un bal

---

[2] 현에 고정시켜 악기의 소리를 여리게 해주는 장치.

3박자 왈츠 리듬으로 화려한 무도회가 펼쳐진다. 여인의 테마는 오보에, 플루트, 클라리넷을 거치며 관능적으로 변주된다. 두 대의 하프가 쌍둥이처럼 움직이며 무대에 장식을 더한다. 환상 속 사랑은 군중 속에서도 선명하다.

3악장 전원 풍경
3rd mov. Scène aux champs

시골 들판에서 두 목동이 풀피리를 불며 서로 응답한다. 잉글리시 호른과 오보에[3]의 2중주가 서정적인 풍경을 만든다. 그러나 평온 속에서도 청년은 연인의 배신을 의심한다. 고정악상은 현의 불안한 저음과 충돌하며 불안을 드러내고, 풀피리를 주고받던 클라리넷은 사라진다. 잉글리시 호른만 홀로 남고, 멀리서 천둥 같은 팀파니가 울린다.

4악장 단두대로의 행진
4th mov. Marche au supplice

청년은 절망 끝에 아편을 먹고 잠든다. 꿈속에서 그는 연인을 살해한 죄로 단두대에 끌려간다. 장송 행진곡[4]은 금관의 괴상한 선율로 울리고, 돌연 밝은 분위기로 전환되며 조롱하듯 승전 행진으로 바뀐다. 고정악상이 마지막으로 들린 뒤, 강한 일격이 이어지며 머리가 단두대에서 떨어진다. 이 악장은 베를리오즈가 단 하룻밤 만에 써낸 환상의 기록이다.

---

[3] 여기서 오보에 연주자는 무대 밖에서 연주한다. 멀리서 들려오는 메아리 같은 공간감을 주기 위해서다.
[4] 장의에 쓰이는 느린 템포의 행진곡.

청년의 장례식에 온갖 괴물과 유령이 모여 광란의 축제를 벌인다. 현악기의 날카로운 보잉과 충격적인 악센트가 혼돈을 묘사한다. 고정 악상은 클라리넷을 통해 마치 악마가 들린 듯 우스꽝스럽게 등장한다. 장례 종소리 뒤엔 '진노의 날Dies Irae'(디에스 이레)[5] 선율이 튜바와 트롬본의 저음 금관에서 울려 퍼진다. 팀파니와 더블베이스, 금관과 타악기가 충돌하며 마지막 코다[6]에서 폭발적인 속도로 절정을 맞는다.

베를리오즈는 〈환상 교향곡〉 5악장에 '마녀들의 밤 축제의 꿈'을 더 극적으로 표현하기 위해 오피클라이드(튜바)의 솔로로 '진노의 날' 선율을 넣었다.

---

[5] 최후의 심판에 대한 공포와 그리스도에 대한 기도를 노래하는 선율.
[6] 이탈리아어 'Coda'(꼬리)에서 유래한 말로, 한 작품이나 악장의 끝에 붙는 종결 부분을 의미한다.

차이콥스키
: 자신의 유서를 음악으로 남기다?

#유서   #비창   #동성애

의문의 죽음

1893년 10월 28일 상트페테르부르크. 차이콥스키는 〈교향곡 제6번〉
의 초연 무대에 올라 직접 지휘했고, 연주는 무난하게 끝났다. 당시엔
곡 제목도 정해지지 않은 상태였는데, 동생이 '비창Pathetique'이라는
단어를 제안한다. 이 곡은 웅장하게 시작해 마지막 악장에서 슬픔 속
으로 무너져 내리며 끝난다. 보통 교향곡의 마지막 악장은 승리와 활
기참으로 가득하게 쓰는 게 일반적이며, 직전의 〈교향곡 제5번〉 마지
막 악장 역시 그러했다. 그런데 〈교향곡 제6번〉의 초연 9일 뒤, 그는
의문의 죽음을 맞는다.

차이콥스키는 이 곡에 대해 '가장 진실된 작품'이라고 말했다. 그는
자주 곡을 고치고 다시 쓰는 성향이 있었지만, 이 교향곡만큼은 놀라
울 정도로 빠르게 완성됐다. 마치 무언가를 서둘러 끝내려는 사람의
집중력 같았다.

사인은 '콜레라', 그러나 모든 것이 이상했다

차이콥스키의 죽음은 겉보기엔 단순했다. 1893년 11월 6일, 그는
콜레라에 감염돼 사망한 것으로 기록됐다. 공식 발표에 따르면 그는 오
염된 물을 마신 뒤 병세가 급격히 악화됐고, 며칠 만에 생을 마감했다.
그러나 철저한 위생관념을 갖고 있던 그가 무심코 오염된 물을 마셨다

　　　　　　　　　　　　　　　　　　　　　　　귀 열어, 클래식 들어간다

는 설명은 쉽게 납득되지 않는다. 그가 병을 얻은 시점과 곡을 발표한 시점, 그리고 사망까지 이어지는 이상하리만치 정리된 흐름은 단순한 사고로 보기엔 뭔가 어색했다.

차이콥스키는 사실 동성애자였다. 그의 동생이자 극작가였던 모데스트도 마찬가지였다. 하지만 당시 러시아 제국은 표트르 대제[7] 이후 남성 동성애를 군법으로 금지했고, 1832년엔 이를 민간으로 확대해 처벌 규정을 적용했다. 이런 사회에서 동성애자가 된다는 것은 시민권 박탈, 유형, 종교적 낙인을 의미했기에 그는 자신의 정체성을 숨길 수밖에 없었다. 그는 성적

차이콥스키의 동생
모데스트 일리치 차이콥스키
M. I. Tchaikovsky

정체성에 대해 끊임없이 고민했고, 가족과 주고받은 편지에는 수치와 분노, 절망을 교차하며 토로했다.

"나를 사랑하는 사람들이 나를 부끄러워한다고 생각하면 견디기 어렵다. 차라리 여자를 사귀든지 결혼하든지 해서 야비한 인간들의 입을 막고 싶다."

---

[7] 러시아 제국을 근대적 강국으로 발전시키고, 학술진흥에 진력한 러시아 황제.

차이콥스키와 밀류코바의 결혼 당시 사진

결국 차이콥스키는 모스크바 음악원 시절 작곡가의 제자였던 안토니나 밀류코바A. Miliukova와 결혼했다. 그러나 고통은 이제 시작일 뿐이었다. 결혼 일주일 뒤, 그는 모데스트와 쌍둥이인 동생 아나톨리에게 보낸 편지에 '내 영혼은 아내에 대한 증오로 가득 차 있다. 목을 졸라 죽이고 싶다'고까지 썼다. 결혼은 오히려 탈출구가 아니라 절벽이었다.

그는 곧 집을 나와 모스크바 강으로 스스로 걸어 들어갔다는 소문이 퍼졌다. 동생 모데스트는 차이콥스키가 48시간 가까이 의식불명 상태였고, 심한 신경쇠약 증세를 보였다고 기록했다. 세 달을 넘기지 못한 결혼 생활은 사실상 파국으로 끝났다. 법적으론 부부였지만, 그는 다시는 밀류코바와 살지 않았다. 이후 밀류코바는 차이콥스키와 무관한 세 명의 사생아를 낳는다.

운명을 예견했던 것일까?

차이콥스키의 〈교향곡 제6번 '비창'〉은 죽음을 예고한 유언일 수도

귀 열어, 클래식 들어간다

있고, 극단적 감정의 표현에 지나지 않았을 수도 있다. 문제는, 그 어떤 것도 작곡가 본인의 말로 확인되지 않았다는 점이다. 차이콥스키는 그 어떤 해설이나 메모도 남기지 않았다. 곡에 자신의 감정을 쏟아부었을 뿐, 설명은 거부했다. 그래서 이 교향곡은 지금도 열려 있는 질문처럼 남아 있다.

〈교향곡 제6번 '비창'〉 초안 악보.

차이콥스키 〈교향곡 제6번, 작품번호 74 '비창'〉. 요엘 레비 지휘.
P. I. Tchaikovsky 〈Symphony No.6, Op.74 'Pathetique'〉

1악장의 격렬함, 2악장의 어딘가 우울한 춤곡, 3악장의 일시적인 고양, 그리고 마지막 4악장의 고요한 침묵으로 떨어지는 결말. 이 흐름은 단순한 음악적 구성으로 보기 어려운 면이 있다. 특히 4악장은 조용히 꺼지는 듯 마무리된다. 화려한 피날레도, 명확한 해결도 없다. 차이콥스키는 그 어떤 해명도 남기지 않았다. 이 결말이 그의 삶과 맞닿아 있다는 해석은 지금도 이어지고 있다.

사티

: 괴짜 작곡가

괴짜 작곡가
그저 흘러가도 되는 배경음악
@open_ear
▶ "이 음악을 듣지 마세요."
에릭 사티 E. Satie, 1866~1925
#진짜광기
#가구음악

그저 흘러가도 되는 배경음악

오늘날 우리는 잠들기 전, 책을 읽을 때, 카페에 앉아 있을 때처럼 무언가를 하면서 음악을 듣는 일이 많다. 이른바 BGM, 즉 배경음악이다. 그런데 이 '음악을 듣지 않는 감상 방식'을 음악사에서 최초로 제안한 인물이 있다. 바로 프랑스 작곡가 '에릭 사티'이다. 그는 단지 음악을 만들기보다, 음악을 대하는 태도 자체를 완전히 바꾸려 한 인물이었다.

사티는 엄청난 괴짜로 유명했다. 비가 오지 않아도 항상 우산을 들고 다녔고, 막상 비가 오면 우산이 젖을까 봐 오히려 코트 속에 넣어 버렸다. 매일 똑같은 옷을 입었고, 카바레[8] 같은 장소에서 연주하며 생계를 이어갔다. 그는 자신이 '가짜 트리스탄'이라는 오페라를 준비 중이라며 소문을 퍼뜨렸지만, 실제로는 그 작품을 쓰지조차 않았다. 바그너의 음악극을 조롱하려는 의도였다.

그는 당대 음악계에서 주류를 이루던 독일 음악가 베토벤, 브람스, 바그너의 전통을 경직되고 진지한 문화로 여겼다. 그런 클래식 음악의 '경청' 중심 문화에 회의적이었고, '음악은 그저 흘러가도 되는 것'이라는 개념을 제시했다. 그래서 나온 것이 바로 '가구 음악Musique d'Ameublement'이다. 들으라고 만든 것이 아닌, 굳이 듣지 않아도 되는

음악. 말 그대로 음악을 소파나 테이블 같은 가구처럼 공간을 구성하는 요소로 두자는 새로운 개념이었다.

에릭 사티 〈짐노페디 제1번〉. 파스칼 로제 연주.
E. Satie 〈Gymnopédies No.1〉

오늘날 우리가 카페나 요가 스튜디오에서, 또는 공부할 때 틀어 두는 음악과 다르지 않다. 대표곡인 〈짐노페디Gymnopédies〉 시리즈는 그런 사티의 음악 철학이 고스란히 담긴 작품이다. 단순하고 반복적인 선율, 일관된 리듬, 감정적 고조 없이 부드럽게 이어지는 구성. 복잡한 관계를 짜 맞추는 베토벤식 음악과는 전혀 다른 방식이다. 그래서 짐노페디는 글을 읽고 쓰거나, 휴식을 하는 상황에서 늘어도 부담이 되지 않는다.

사티는 여기서 한 걸음 더 나아간다. 〈벡사시옹Vexations〉이라는 단 한 페이지짜리 피아노곡 악보에 '이 곡을 840번 반복하라'고 적었다. 이 지시를 그대로 따를 경우, 하루 가까이 연주해야 겨우 끝난다. 어떤 청중도 처음부터 끝까지 집중해 듣기 힘든 음악. 사티는 오히려 그 지점에 의미를 두었다. 음악은 집중하지 않아도 된다. 그 자체가 이미 고정관념을 흔드는 선언이었다.

어디까지가 음악인가

이런 사티의 실험은 후대에 더 과감한 방식으로 이어졌다. 대표적으로 존 케이지의 〈4분 33초〉는 연주자가 단 한 음도 내지 않은 채 4분 33초 동안 가만히 앉아 있는 음악이다. 연주는 없지만, 그 시간 동안 무대 위의 정적, 관객의 숨소리, 의자가 삐걱거리는 소리, 누군가의 기침 등 모든 소리가 곡을 구성하게 된다.

존 케이지 〈4분 33초〉
J. Cage 〈4'33"〉

귀 열어, 클래식 들어간다

존 케이지의 오르간 곡 〈As Slow as Possible(최대한 느리게)〉은 무려 639년 동안 연주되도록 기획되어, 2001년에 연주를 시작해 2640년에 끝날 예정이다. 영국 작곡가 젬 파이너는 〈LongPlayer〉라는 곡을 1000년간 연주하겠다고 했다. 이는 모두 음악을 시간의 조각이자 배경으로 바라본 사티의 사상에서 비롯된 흐름이다.

에릭 사티는 괴짜였다. 하지만 그 괴짜스러움은 단순한 기행이 아니라, 음악을 듣는 방식에 질문을 던진 천재의 방식이었다. 사람들이 진지하게 음악을 경청해야 한다고 믿을 때 사티는 오히려 말한다.

"이 음악을 듣지 마세요."

에릭 사티의 생애와 가구 음악을 다룬 KBS교향악단 애니메이션 영상.

그는 음악을 가장 작게 줄이고, 가장 넓게 퍼뜨린 사람이었다. 오늘 날 우리가 아무렇지 않게 틀어 놓는 배경음악의 개념은 결국, 사티의 손끝에서 시작된 셈이다.

쇼스타코비치
: 1905년 그 날, 피의 일요일

혁명의 불씨가 된 하루

　때는 1905년 1월 22일 일요일. 러시아는 연전연패에 시달리던 전쟁 속에서 경제가 무너지고 있었고, 그 피해는 고스란히 시민들의 몫이었다. 노동자들은 말도 안 되는 세금과 열악한 근로 환경에 시달리며 굶주림과 질병 속에 방치되어 있었다.

가폰 신부를 필두로 관중이 광장에 모인 모습.

　절망 끝에 모인 군중은 약 6만 명. 이들은 상트페테르부르크 겨울궁전 앞 광장에 모였다. 총칼은 없었고, 구호 대신 찬가를 불렀다. 황제 니콜라이 2세에게 청원서를 전달하겠다며 그를 향한 충성심을 되

　　　　　　　　　　　　　　　　　　　　　　　귀 열어, 클래식 들어간다

띈 평화적 시위였다. 하지만 제국은 침묵했고, 곧 총성이 울렸다. 코사크 기병과 황실 근위대는 비무장 시민을 향해 아무 경고 없이 사격을 가했다. 광장은 아비규환이 되었고, 시신은 얼음 위에 쓰러졌다.

시위대를 향해 발포한 러시아 제국.

당시 언론과 보고에 따르면 사망자는 최대 4,000명에 달했다. 역사에 남은 이름은 '피의 일요일Bloody Sunday'. 제국에 대한 환상이 무너진 날이자, 혁명의 씨앗이 처음 피이난 순간이었다. 이후 이 사건은 1917년 러시아 혁명으로 이어진 주요 사건이 되었다.

음악으로 되살아난 그날

50여 년 후, 이 장면은 뜻밖의 방식으로 다시 등장한다. 1957년, 쇼스타코비치가 발표한 〈교향곡 제11번 ‘1905년’〉이었다. 이 작품은 처음부터 끝까지 단절 없이 흐른다. 네 개의 악장은 하나의 덩어리처럼 붙어 있으며, 음악은 대사 없이 전개되는 무언의 다큐멘터리처럼 들린다. 작곡가는 이 곡을 ‘1905년 1월 22일의 기억에 바친다’라고 짧게 밝혔지만, 그 어떤 설명보다 곡을 듣다 보면 눈에는 보이지 않는 장면들이 귀에는 생생한 증언처럼 되살아난다.

이 곡의 하이라이트는 2악장이다. 쇼스타코비치는 2악장의 부제로 시위가 일어난 ‘1월 9일’[9]을 적어두었고, 그날의 생생한 장면을 음악으로 기록하였다. 처음에는 오히려 조용하다. 현악기의 반복과 북 소리는 긴장감을 쌓아 올리지만, 아직 군대의 총성이 울리지는 않는다. 그러다 갑작스럽게 폭발이 일어난다. 팀파니가 강하게 내리치고, 금관악기가 전면으로 돌진한다. 스네어 드럼이 군중을 향해 발포하는 기관총을 묘사했고, 관현악 전체가 무자비한 진압과 공포, 절규를 담아내었다. 비명은 음표로 바뀌고, 피는 화성의 붉은 긴장감 속에 퍼져간다.

---

[9] ‘피의 일요일’은 현대 달력에서는 1905년 1월 22일이지만, 당시 러시아 제국이 쓰던 달력(구력)으로는 1월 9일이었다.

KBS교향악단 제787회 정기연주회 프로그램북.
해당 공연의 2부에서 쇼스타코비치 〈교향곡 제11번 '1905년'〉이 연주되었다.

쇼스타코비치 〈교향곡 제11번, 작품번호 103 '1905년'〉. 엘리아후 인발 지휘.
D. Shostakovich 〈Symphony No.11, Op.103 'The Year 1905'〉
2악장부터 시위대를 향해 발포하는 장면을 음악으로 그리고 있다.

이 악장은 어떤 상징도, 추상도 없다. 직접적이고 명확하다. 아름답게 승화되지도 않고, 정리되지도 않는다. 그냥 그날의 참상을 악보에 박아 넣은 것처럼 적나라하고 사실적이다.

이 곡은 당시 소비에트 당국에 의해 '역사 기념 작품'으로 인정받았고, 쇼스타코비치는 국가 훈장을 받았다. 하지만 곡을 들은 많은 이들은 1905년보다 더 가까운 1956년 헝가리의 피비린내를 떠올렸다.

작곡가는 아무 말도 하지 않았지만, 듣는 이들은 모두 눈치챘다. '1905년'은 기념곡처럼 보인다. 하지만 실은, 기억을 가장한 고발이자 경고다. 그리고 그날의 총성이 멈춘 지 100년이 넘은 지금도, 이 곡을 듣는 순간 우리는 여전히 그 광장 위에 서 있는 것 같은 기분이 든다.

쇼스타코비치 〈교향곡 제11번〉을 직접 지휘했던 엘리아후 인발이
인터뷰 중 이 곡에 대해 설명해 주었다.

 귀 열어, 클래식 들어간다

귀도
: 누구나 똑같이 노래할 수 있게

#계이름창시자　　#귀도의손

'도레미파솔라시'의 탄생

11세기 초, 이탈리아의 수도원에서는 매일 성가가 울려 퍼졌다. 하지만 그 노래는 완벽하지 않았다. 누구는 음이 높고, 누구는 낮았다. 누군가는 멜로디를 외우지 못해 엉뚱한 음을 불렀다. 당시엔 명확한 악보 체계가 없었고, 교육도 반복 암기에 의존할 수밖에 없었다. 성가를 정확히 부르기 위해서는 단순히 음을 기억하는 것 이상의 무언가가 필요했다. 소리를 정확히 인식하고 다시 재현할 수 있는 체계, 모든 노래를 틀림없이 부를 수 있는 방법이 필요했던 것이다.

그 문제를 해결한 인물이 바로 수도사 '귀도 다레초'였다. 귀도는 라틴어 성가 〈너의 시종들이 마음껏Ut Queant Laxis〉을 주의 깊게 분석했고, 각 구절이 점차 음을 높여가는 구조에 주목했다. 그는 각 구절의 첫음절을 따 'Ut - Re - Mi - Fa - Sol - La'라는 음이름을 정립했다. 누구나 따라 부를 수 있도록 기억하기 쉬운 이름을 붙인 것이다. *(이 여섯 음계는 이후 '솔미제이션Solmization'이라 불린다.)* 이후 'Ut'는 발음이 어렵다는 이유로 'Do'로 바뀌고, 추가 음 'Si'가 더해져 현재의 7음 계이름 체계가 완성된다. 이 체계가 바로 오늘날 우리가 사용하는 '도레미파솔라시'의 기반이다.

유럽 전역으로 퍼진 악보와 교육법

귀도의 업적은 여기서 그치지 않았다. 음이름만으로는 부족하다는 판단 아래 그는 4선 악보를 도입한다. 줄과 칸으로 음높이를 구분해 표기하는 방식으로, 현대 악보의 원형이 된 이 표기법은 음의 정확한 위치를 눈으로 확인할 수 있게 해주었다.

또한 그는 '귀도의 손'이라는 시각적 학습 도구도 고안했다. 손가락 마디마다 음이름을 대응시켜 스승이 손을 가리키면 제자가 음을 즉시 떠올릴 수 있게 만든 것이다. 이 손만 있으면 어디서든 음악 교육이 가능했다.

귀도의 손 Guidonian Hand

귀도의 교육 시스템은 처음엔 아레초 수도원에서 실험적으로 쓰였지만, 그 효과가 입증되자 교황 요한 19세는 그를 로마로 불러 직접 시범을 보이게 했다. 당시 성가대 교육은 성직자 양성과 직결된 핵심 영역이었기 때문에 귀도의 새로운 방식은 교황청 내부에서 빠르게 채택되었고, 곧 여러 수도회와 교구에 영향을 주기 시작했다. 중세에는 인쇄 기술이 없었기에 새로운 이론과 교육법은 필사를 통해 수도원을 중심으로 퍼져나갔다. 귀도의 악보 표기법과 음계 체계는 베네딕트 수도회, 클뤼니 수도회, 시토회 등 유럽 각지의 수도원을 통해 빠르게 확산되었고, 영국, 프랑스, 독일, 스페인, 심지어 북유럽 등지에서도 '귀도의 손'과 6음계 체계를 활용한 성가 교육이 이뤄졌다. 그 과정에서 귀도의 음계는 단순한 도구가 아니라 음악 교육의 '표준어'로 자리 잡게 되었다.

"누구든, 어떤 노래든, 틀리지 않고 부르면 얼마나 좋을까!"

이 모든 체계는 한 가지 목적에서 출발했다. 그가 고안한 음계는 단지 '소리의 이름'이 아니라, 모든 이가 음악에 접근할 수 있는 열쇠였다. 이후 유럽 전역의 음악 교육은 구전 중심에서 문자와 시각적 체계로 전환되었고, 음악은 누구나 읽고, 배우고, 재현할 수 있는 지식이 되었다. 그리하여, 귀도 다레초는 어떤 음악이든, 언제든지 정확히 노래할 수 있는 시대를 만든 음악사에서 매우 중요한 혁신가로 남게 되었다.

모차르트
: 무덤은 어디에?

#사라진묘지   #의혹

천재의 '마지막 안식처'는 왜 남아있지 않은가?

1791년 12월 5일 빈, 모차르트는 자신의 마지막 작품인 〈레퀴엠〉을 미완성으로 남긴 채 35세의 나이로 세상을 떠났다. 그는 신열과 부종, 극심한 구토에 시달리며 음식을 삼키지 못했고, 결국 며칠 만에 혼수상태에 빠졌다. 모차르트가 숨을 거둘 당시, 곁에 있었던 이는 장모 세실리아와 처제 조피뿐이었다. 아내 콘스탄체는 타지에 있었고, 그가 세상을 떠난 뒤에야 돌아왔다. 지인 슈카네더 등 가까운 친구 몇 명이 더 찾아왔지만, 천재의 죽음은 생각보다 조용하게 끝났다.

그의 시신은 자신의 아파트에 안치된 뒤 12월 6일, 빈 외곽의 성 마르크스 묘지St. Marx Cemetery에 묻혔다. 천재 작곡가의 죽음치고는 너무 조용했고, 그의 장례식에도 사람이 거의 오지 않았다는 기록이 남아 있었기에 이 장례식은 오랜 세월 동안 '모차르트는 외면당한 채 쓸쓸히 묻혔다'라는 전설로 남게 되었다.

하지만 모차르트의 장례식이 작고 조용했던 것은 그가 외면당해서가 아니라, 당시 장례 풍습이 그랬기 때문이다. 당시에는 시신을 묘지까지 따라가는 운구 행렬도 없었고, 장례식을 간소화하는 것이 관습이었다. 그의 아내 콘스탄체는 17년이 지난 뒤에야 남편의 무덤을 찾으려 했지만 이미 공동묘지는 재활용되고 있었고, 당시 묘지 관리인마저 세상을 떠나 정확한 위치를 아는 이도 없었다. 그리하여, 우리는 오늘날까지도 모차르트가 정확히 어디에 묻혔는지 알지 못한다.

모차르트 해골의 발견?

19세기 중반, 한 묘지 관리
인이 모차르트 무덤에서 유
해를 이장하며 두개골을 따
로 보관해 두었다는 이야기
가 전해진다. 1902년부터 잘
츠부르크의 '모차르테움' 재
단은 이 두개골을 소장하게

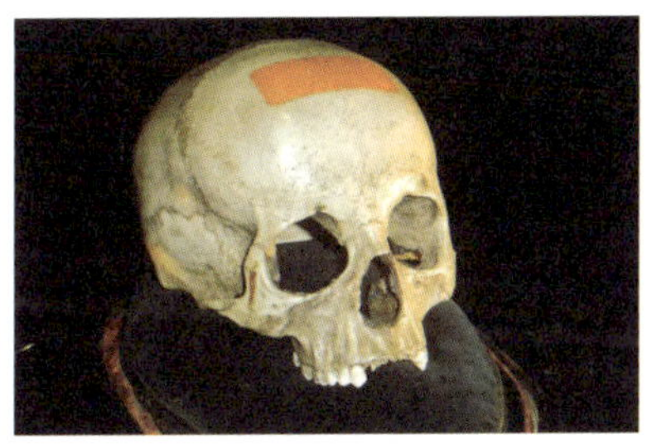

묘지 관리인이 빼돌린 진짜 모차르트의 두개골?

되었고, 2006년, 모차르트 탄생 250주년을 맞아 DNA 검사가 시도됐
다. 과학자들은 모차르트의 조카와 할머니의 유골이 묻혀 있다는 세바
스티안 묘지에서 유전자를 비교했다.

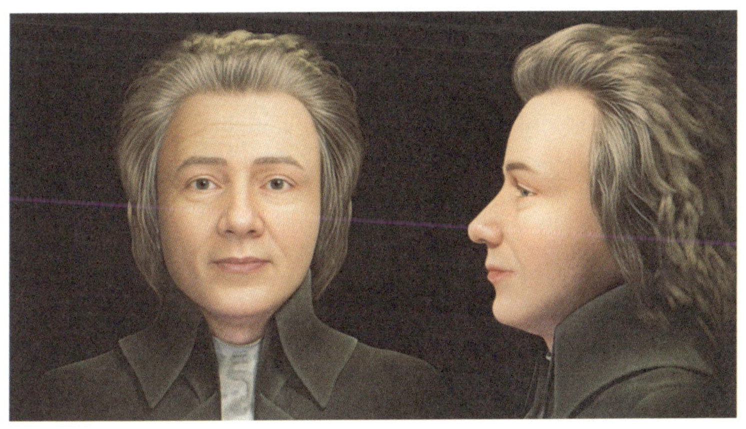

모차르트로 추정되는 두개골로 복원한 모차르트의 얼굴(출처: 인스타그램 cogitas3d)

하지만 결과는 충격적이었다. 묘지에 묻힌 유골끼리도 혈연관계가 없는 것으로 밝혀졌고, 당연히 두개골 역시 모차르트의 것이라는 결정적 근거를 얻지 못했다. 결국 우리는 그 두개골이 누구의 것인지, 또 그 가족 묘지에 누구의 유해가 들어 있는지조차 알 수 없게 되었다. 하지만 DNA가 일치하지 않는다고 해서 그의 두개골이 아니라고 100% 단정 지을 수는 없는 상황이다.

작고한 자리보다 남긴 자리가 더 크다

모차르트의 죽음을 둘러싼 많은 신화는 사실을 확인해 보면 소문에 불과한 경우가 많다. 그가 독살되었다는 추측 역시 근거가 없으며, 빚을 남긴 채 죽었지만, 흔히 말하는 '비운의 천재'처럼 철저히 고립된 인물은 아니었다. 다만 그의 죽음은 조용했고, 묘지는 사라졌으며, 제대로 된 묘비 하나 남기지 못한 것은 분명하다.

그러나 아이러니하게도, 이 '실체 없음'이 모차르트를 더 신화 같은 존재로 만들었다. 그는 어디에 묻혔는지 알 수 없지만, 그의 이름은 전 세계의 음악홀과 극장, 거리, 공항, 기념관에 새겨져 있다. 장례는 작았지만, 영향력은 거대했다. 무덤은 없지만, 누구보다 강하게 살아남은 것이다. 그의 음악은 오늘도 살아 있고, 기억은 더 널리 퍼져 있다.

모차르트 〈교향곡 제25번, 작품번호 183〉. 엘리아후 인발 지휘.
W. A. Mozart 〈Symphony No.25, K.183〉

스트라빈스키
: 경찰까지 출동한 〈봄의 제전〉 첫 공연

#경찰불러   #실신한관객

귀 열어, 클래식 들어간다

파리의 밤을 흔든 충격의 서막

1913년 5월 29일, 파리 샹젤리제 극장의 무대에서 스트라빈스키의 신작이 마침내 공개됐다. 무대는 니진스키가 총괄했고, 지휘는 피에르 몽퇴였다. 이미 그의 이름을 알고 있던 관객들로 공연장은 만원이었다. 공연은 바순의 솔로로 시작되었다. 이 이질적인 오프닝은 다소 낯설었지만, 관객들은 호기심을 품고 귀를 기울였다.

약 4분이 지나 시작되는 '젊은 소녀들의 춤', 1913년 〈봄의 제전〉 초연.

그러나 얼마 지나지 않아 '젊은 소녀들의 춤Danse des adolescentes' 이 시작되며 음악은 거칠어지고, 박자는 불규칙해지며, 무대 위 무용수들은 우아함 대신 발을 구르고 어깨를 내리치는 낯선 안무를 선보이기 시작했다. 이 순간부터 분위기는 급격히 흔들리기 시작했다. 관객석

곳곳에서 웃음소리와 야유가 터졌고, 일부는 분노에 찬 고함을 질렀다. 안무가 보기에 우스꽝스럽다며 조롱하는 사람, 비명을 지르며 뛰쳐나가는 사람, 격분하며 서로 말다툼하는 사람들까지 있었다. 공연을 방해하려는 일부 관객은 무대 위로 채소와 물건을 던졌고, 지휘자 몽퇴는 아수라장이 된 무대에서도 묵묵히 악보를 넘기며 연주를 이어갔다.

니진스키는 무대 뒤에서 무용수들에게 소리를 질러 타이밍을 지시했고, 극장 측은 객석의 혼란을 진정시키기 위해 조명을 일부러 깜빡이며 관객의 주의를 분산시켰다. 소란은 점점 격화되었고, 결국 경찰이 출동해 질서를 잡는 사태로까지 번졌다. 기록에 따르면 이 소동으로 40여 명이 공연장에서 퇴장당했고, 공연은 극적으로 끝까지 이어졌다. 이날의 〈봄의 제전〉은 단순한 음악 초연이 아니었다. 무대와 객석이 충돌했고, 예술의 새 시대를 받아들이지 못한 낡은 감각과의 전면전이었다.

비난에서 전설로

1910년 5월, 스트라빈스키는 막 발레 음악 〈불새The Firebird〉의 작업을 마무리하던 참이었다. 그의 경력이 본격적으로 떠오르던 순간이었고, 그만큼 창작의 기세도 예사롭지 않았다. 바로 그 시기, 그는 한낮의 몽상처럼 기묘한 상상을 떠올렸다. 어느 원시 부족의 봄 제사 의식. 젊은 처녀가 민족의 대표로 선택되어 봄의 신에게 바쳐지는 의식 속에서 죽음을 맞이한다. 그 춤은 경건한 희생이자 생명의 반복을 위한 제의 음악으로, 그 혼란과 환희, 두려움과 격정을 담아내야 했다. 스트라빈스키는 이 환영을 다음과 같이 회고하였다.

"*나는 공상 속에서 장중한 제전을 보았습니다. 원을 그려 놓고 앉은 장로들이 한 처녀가 숨지기까지 춤추는 것을 지켜보고 있었지요. 그들은 봄의 신이 노하지 않도록 그녀를 희생시켰던 것입니다.*"

결론적으로 이 작품은 이후 콘서트 버전으로 재공연되며 음악계에 엄청난 충격파를 남겼고, 스트라빈스키는 단숨에 20세기 음악의 선봉장으로 떠올랐다. 비난으로 시작된 이 한 곡이, 오늘날엔 고전이 되었다. 역사를 바꾼 곡은 처음엔 모두 환영받지 못한다.

스트라빈스키 〈봄의 제전〉. 요엘 레비 지휘.
I. Stravinsky 〈The Rite of Spring〉

베토벤
: 평생 독신이었던 그의 의문의 편지

#모태솔로의사랑　　#불멸의연인

불멸의 연인 편지의 발견

베토벤은 평생 결혼하지 않고 독신으로 살았다. 그는 사람들과 어울리기보다는 혼자 있는 시간을 즐겼고, 요즘 말로 하면 '히키코모리'에 가까운 삶을 살았다. 키는 160cm 남짓으로 크지 않았고, 언제나 헝클어진 머리와 다소 괴팍한 성격 때문에 주변 사람들에게는 다가가기 어려운 인물로 비쳤다. 하지만 그의 음악으로 현실에서는 서툴렀던 사랑이, 악보 위에서는 누구보다 뜨거웠다.

안톤 쉰들러 A. Schindler

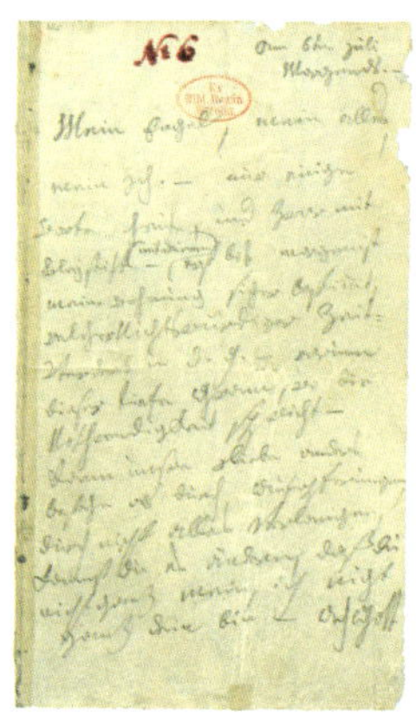

베토벤의 서랍에서 발견된
불멸의 연인 편지

그가 세상을 떠난 후, 그의 비서였던 안톤 쉰들러가 서랍 속에서 한 통의 편지를 발견했다. 편지는 이름 없는 한 여성에게 보내는 것이었고, 첫 문장은 이렇게 시작됐다.

편지에는 깊고 절절한 사랑이 담겨 있었지만, 끝내 그 여인의 이름은 적혀 있지 않았다. 이 편지는 훗날 '불멸의 연인Immortal Beloved'이라 불리며, 음악사에서 가장 유명한 미스터리 중 하나가 되었다.

사랑의 실체를 찾아서

연구자들은 편지의 날짜가 '7월 6일(월요일)'로 적혀 있는 점에 주목했다. 이에 따라 1795년부터 1818년 사이에 7월 6일이 월요일이었던 해의 그의 행적, 그리고 그 시기 그와 가까웠던 여성들의 기록을 추적했다. 그 결과, 가장 먼저 거론된 인물은 줄리에타 귀차르디G. Guicciardi와 요제피네 브룬스비크J. Brunsvik였다.

좌 줄리에타 귀차르디, 우 요제피네 브룬스비크.

귀 열어, 클래식 들어간다

줄리에타는 베토벤이 사랑했던 귀족 여성으로, 그에게서 〈월광 소나타〉를 헌정 받은 인물이다. 하지만 편지의 시기와 내용이 맞지 않아 가능성은 낮다고 본다. 대신 학자들은 베토벤과 요제피네 브룬스비크의 관계에 주목했다. 요제피네는 베토벤과 오랫동안 깊은 교감을 나누며 실제로 열렬한 연애편지를 주고받았던 여인이었다. 베토벤의 기록과 주변 정황을 연구한 학자들 사이에서는, 편지가 쓰인 시기쯤에 그녀가 낳은 딸이 베토벤의 아이일지도 모른다는 주장이 제기되기도 했다. 그래서 오랫동안 학계에서는 요제피네가 '불멸의 연인'일 것이라는 설이 매우 유력하게 여겨져 왔다.

불멸의 연인의 정체?

그러나 1977년, 미국의 저명한 음악학자 메이나드 솔로몬M. Solomon이 출간한 〈베토벤 전기〉에서 놀라운 반전이 제기된다. 그는 불멸의 연인의 정체가 테레제가 아니라 '안토니 브렌타노'라고 주장했다. 안토니는 프랑크푸르트의 명문 가문 출신으로, 베토벤과 1810년 처음 만났다. 당시 그녀는 불행한 결혼생

안토니 브렌타노 A. Brentano

활과 첫 아이의 죽음으로 깊은 우울감에 빠져 있었다. 베토벤은 그녀를 위로하기 위해 자주 방문했고, 두 사람은 정신적 교감을 나누며 사랑으로 발전했다. 하지만 안토니는 이미 결혼한 여성이었고, 그녀의 남편은 베토벤의 친구이기도 했다. 결국 베토벤은 스스로 사랑을 포기해야만 했다.

이후 그는 제자인 페르디난트 리스에게 이렇게 말했다고 전해진다. "불행히도 나는 아내가 없다네. 나는 단 한 사람을 사랑했지만, 그 사람은 영원히 내 것이 될 수 없었네." 이후 베토벤은 일기장에 '너는 더 이상 남자가 아니다. 이제부터는 오직 다른 사람들을 위해 살아야 한다.'라고 적었다. 사랑의 좌절이 그를 예술로 이끈 셈이었다.

베토벤 〈교향곡 제9번, 작품번호 125 '합창'〉. 피에타리 잉키넨 지휘.
L. v. Beethoven 〈Symphony No.9, Op.125 'Choral'〉

　한편, 수많은 연구자들은 편지의 필체, 날짜, 베토벤의 여정과 주변 인물들의 기록을 바탕으로 정체를 추적해 왔지만, 그 결과는 여전히 분분하다. 일부 학자들은 아예 '불멸의 연인'은 실제 인물이 아니라 베토벤이 예술 속에서 추구한 이상적 여성성의 상징이라고 본다. 괴테가 말한 '영원한 여성성Eternal Feminine'이나, 심리학자 칼 융이 정의한 남성의 무의식 속 여성성인 '아니마Anima' 개념과도 맞닿아 있다. 즉, 베토벤에게 불멸의 연인은 현실의 여인이 아닌, 예술의 원천이자 그의 내면에 존재하던 영원한 뮤즈였다는 해석이다. 미스터리의 끝은 없다. 200년이 지난 지금도 '불멸의 연인'의 정체는 여전히 미스터리로 남아 있다.

PART 4

무대 밖에서 완성되는 클래식

오케스트라를
이해하는
또 하나의 시선

오케스트라도 매니저가 있다?

클래식 공연이 조금 익숙해지고, 공연장에 찾아가는 일도 더 이상 어색하지 않게 되면, 무대 위에서 들리는 음악만이 아니라 관객에게 보이지 않는 숨겨진 공간과 오케스트라의 운영 방식에 눈길을 돌려보자. 이 '무대 뒤의 세계'를 들여다보기 시작하면 오케스트라라는 조직이 얼마나 정교하게 움직이는지, 또 하나의 공연이 탄생하기까지 얼마나 많은 이야기와 과정이 숨어 있는지 발견하게 될 것이다.

KBS교향악단

귀 열어, 클래식 들어간다

"아니, 저 무대 위의 100명이 넘는 단원들을 어떻게 한 번에 움직일 수 있지?"

"이 많은 연주자들의 페이는 누가, 어떤 방식으로 챙겨줄까?"

"지휘자와 협연자는 공연 직전에 무대 뒤에서 어떤 대화를 나누고 있을까?"

와 같은 생각은 공연을 보다 보면 자연스레 떠오르는 궁금증일 것이다.

우리가 공연장에서 보는 것은 사실 그 화려한 결과물일 뿐이다. 그 뒤에는 수많은 손길과 준비가 숨어 있다. 수십 명, 많게는 백 명이 넘는 단원들을 일정에 맞춰 불러 모으고, 악보를 배포하고, 리허설 시간을 조율하는 일. 또 외부에서 초청한 협연자의 이동과 숙소, 리허설 동선까지 챙겨야 한다. 이런 일들은 마치 대형 오케스트라를 하나의 거대한 '기업'처럼 운영하는 사무국에서 이뤄진다.

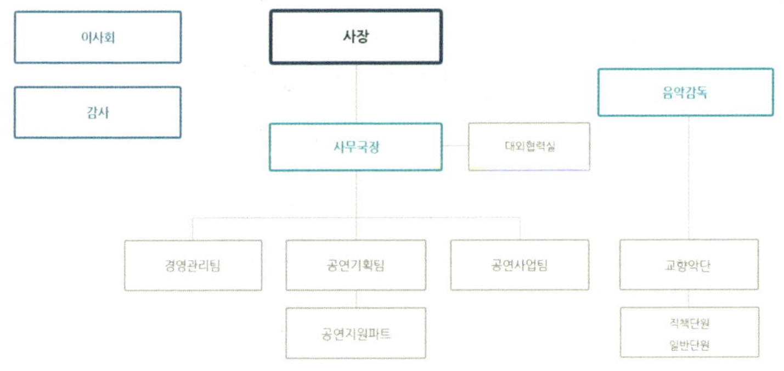

KBS교향악단 사무국 소개

만약 오케스트라의 사무국이 없다면 사소한 일부터 꼬이기 시작할 것이다. 리허설 일정을 조율하려면 100여 명 단원의 의견을 모두 맞춰야 하고, 출연진 섭외나 비용 관리, 공연 기획까지 연주자 스스로 감당해야 한다. 아무리 지휘자나 악장이 리더라 해도 이 모든 것을 동시에 처리하는 것은 불가능에 가깝다. 사무국은 바로 이런 혼란을 막고 오케스트라가 안정적으로 운영될 수 있도록 보이지 않는 곳에서 든든히 뒷받침한다.

KBS교향악단은 100여 명의 단원, 20여 명의 사무국 직원으로 연간 100회 이상 공연을 진행하고 있다. 만약 오케스트라에 사무국이 없다면 어떻게 될까? 가수로 치면 소속사가 없는 상황과 비슷하다. 공연은 노래만 잘한다고 되는 게 아니다. 공연장 대관부터 무대 조명, 홍보 포스터 제작, 티켓 판매, 심지어 협연자와 지휘자에게 연락하는 일까지 모두 직접 발로 뛰어야 하니 연주하기 전에 이미 체력이 방전될 게 뻔하다.

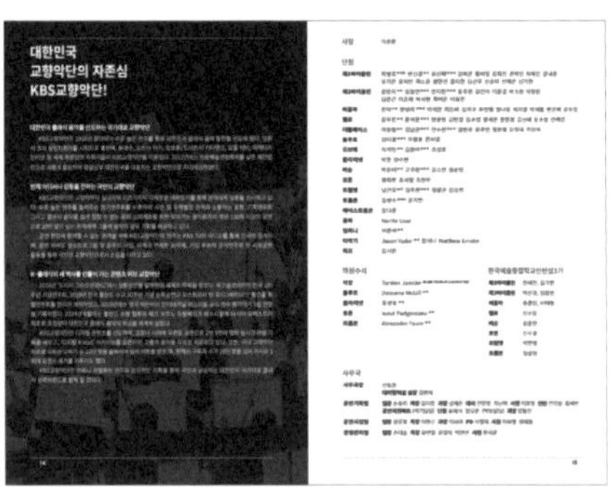

연주회 프로그램북 속의 KBS교향악단 소개(제817회 정기연주회)

귀 열어, 클래식 들어간다

오케스트라도 마찬가지다. 사무국이 없다면 100명의 단원들이 "오늘 리허설 몇 시에 시작해?", "공연장은 대관 됐어?", "이번 협연자 어디서 만나?"와 같은 질문을 끊임없이 던지게 될 것이다. 100명의 생각을 하나하나 다 조율하고 통합하는 것은 쉽지 않을 것이다. 만약 의견을 일치시켰다 하더라도 악장이 공연장 대관 전화를 돌리느라 악기를 켤 시간조차 없을지도 모른다. 이렇듯 사무국의 역할은 곧 '오케스트라 매니지먼트Orchestra Management' 그 자체다. 무대 뒤에서 보이지 않게 공연장 대관을 하고, 리허설 일정을 맞추고, 협연자와 지휘자를 연결하며, 홍보와 티켓까지 책임진다. 덕분에 단원들은 복잡한 걱정에서 벗어나 오직 '연주'에만 집중할 수 있는 것이다.

오케스트라마다 그 고유의 특성과 문화, 직무의 디테일까지 모두 천차만별이기 때문에 이 책에서는 KBS교향악단을 예시로 오케스트라라는 단체가 부서별로 어떻게 움직이는지 소개해 보도록 하겠다.

공연기획팀
: 사무국의 꽃

공연의 시작과 끝

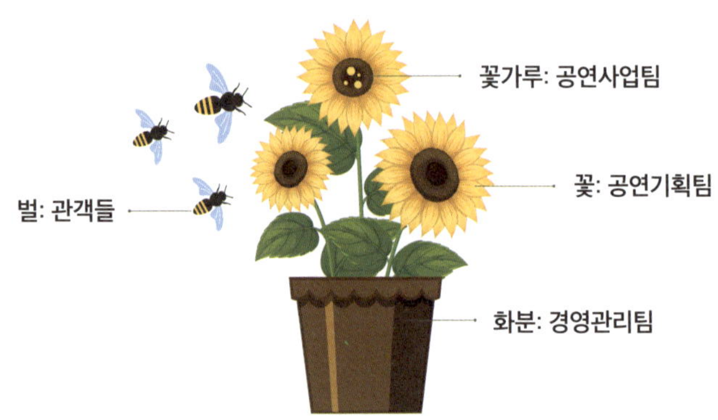

꽃과 벌로 표현한 KBS교향악단 사무국 구조

"오케스트라 사무국의 꽃은 어디일까?"라고 묻는다면 많은 사람들이 주저 없이 공연기획팀을 떠올릴 것이다. 무대 위의 공연을 직접 기획하고 운영하는 부서이기 때문이다. 공연기획팀이 하는 일은 단순히 '다음 공연은 무슨 곡을 연주할지'를 정하는 데서 끝나지 않는다. 어떤 공연장을 사용할지, 지휘자와 협연자로는 누가 좋을지, 프로그램의 구성은 어떻게 정할지 등, 공연이 열리기까지 필요한 모든 제반 사항을 하나부터 열까지 챙겨야 한다. 더 나아가 오케스트라의 방향성도 고민해야 한다. 그야말로 공연의 시작과 끝을 책임지는 부서다.

KBS교향악단은 연간 평균 100회 이상의 공연을 한다. 주 1~2회의 공연이 있다는 뜻이다. 한 공연만 집중적으로 준비해도 벅찰 텐데, 심지어는 여러 공연을 동시에 준비하며 일정이 겹치지 않도록 조율까지 해야 한다. 더불어 공연 리허설과 공연장 대관 일정을 맞추고, 필요하다면 단원이 아닌 외부 객원 연주자까지 손수 섭외해야 한다.

특히 클래식 음악 특성상 세계적인 해외 아티스트를 섭외하는 경우가 많은데, 이때는 항공권 예약부터 숙소, 식사, 이동 동선까지 모두 공연기획팀의 손을 거친다. 계약서가 무사히 체결되더라도 예기치 못한 변수는 늘 존재한다. 항공편이 지연되거나, 한국에 도착하면 지낼 호텔 예약을 못 했거나, 아티스트 개인 사정으로 제시간에 도착하지 못하는 경우도 생긴다. 이런 상황이 되면 공연기획팀은 말 그대로 비상 상황에 돌입한다. 한국의 주요 호텔과 여행사에 쉴 새 없이 전화를 걸고, 취소표를 잡기 위해 예매 창을 밤새 새로고침하는 일도 공연기획팀의 몫이다. 서울 공연이라면 해외 아티스트만 챙기면 되지만, 지방 공연이라면 난이도가 한층 올라간다. 100명이 넘는 단원과 직원들의 대중교통 예매까지 떠맡아야 하기 때문이다. 공연기획팀에게 '불가능'이란 단어는 없다.

해외 아티스트가 공항에 도착하는 순간부터 공연기획팀의 본격적인 업무가 시작된다. 공항에서 숙소까지 차량 의전을 맡는 것은 기본이고, 식사까지 세심하게 준비해 연주자가 낯선 환경 속에서도 편안히 리허설에 임할 수 있게 돕는다. 공연 당일이면 공연기획팀 직원들의 하루는 단원들보다 먼저 시작된다. 대형 버스나 기차를 타고 이동하는 단원들을 인솔하고, 공연장에 도착하자마자 대기실 상황과 무대를 점검한다. 대부분의 공연장은 리허설 시간이 제한적이고 변수도 많아 직원들이 식사 시간을 제대로 갖지 못할 때가 많다. 공연장 내 스태프 방에 쌓인 차갑게 식은 김밥, 햄버거, 감자튀김은 공연기획팀이 얼마나 숨 가쁘게 움직이는지를 보여주는 상징과도 같다.

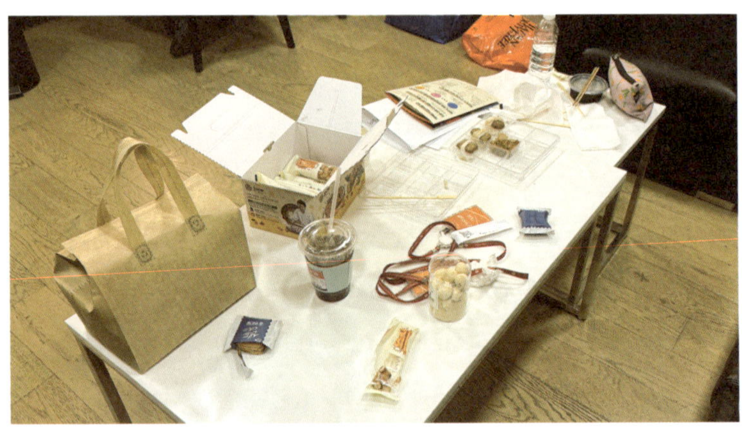

KBS교향악단 스태프 방 전경. 차갑게 식은 식사들이 공연의 긴박함을 보여준다.
(공연이 종료되면 원래 상태 그대로 다시 깨끗하게 청소하고 간다.)

공연이 무사히 끝나면 담당 직원들은 잠시 한숨을 돌릴 수 있다. 하지만 그것이 곧 업무의 끝은 아니다. 해외 아티스트가 한국을 떠나는

귀 열어, 클래식 들어간다

순간까지 일정 관리와 의전을 책임져야 하고, 공연과 관련된 계약 사항을 꼼꼼히 마무리한다. 그리고 숨 고를 틈도 없이 곧바로 다음 공연 준비에 들어간다. 공연기획팀의 하루는 사실상 365일 내내 이어진다고 해도 과언이 아니다. 공연마다 다른 변수를 고려하고, 예상치 못한 상황에 대비하며, 더 나아가 오케스트라의 장기적인 방향과 색깔까지 고민한다.

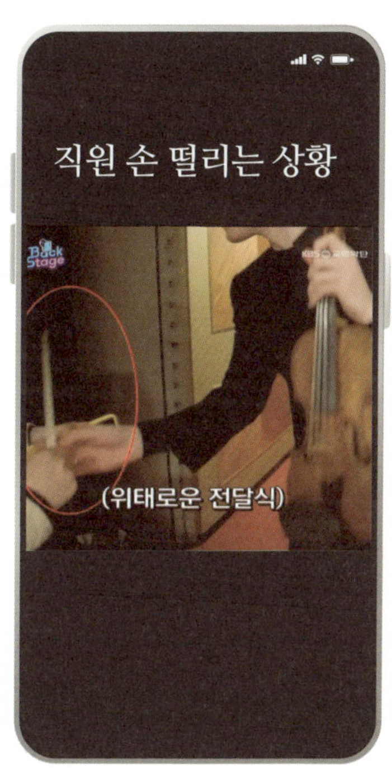

공연기획팀원이 되면 가끔 연봉 이상이 날아가는 아찔한 도전도 할 수 있다.

결국 공연기획팀은 단순히 실무를 처리하는 부서가 아니다. 오케스트라의 연주자들이 무대 위에서 마음껏 음악에 몰입할 수 있도록 치밀하게 계획하고, 무대 뒤를 든든히 받쳐주는 보이지 않는 조력자다. 모든 준비가 빈틈없이 이뤄져야 비로소 관객은 아름다운 연주를 만날 수 있다. 그래서 공연기획팀을 '오케스트라 사무국의 꽃'이라 부르는 것이다.

공연기획 과정과 연주자 섭외 비하인드 스토리. KBS Classic FM 〈출발 FM과 함께〉
KBS교향악단 공연기획팀 전현정 대리.

KBS교향악단 직원이 말하는 Q&A

공연기획팀 손유리 팀장

Q. 공연기획팀에서는 주로 어떤 업무를 하나요?

A. KBS교향악단에서 공연기획팀의 업무는 크게 두 파트로 구분됩니다. 바로 공연의 구성 및 프로그램을 만드는 '기획'과 공연을 직접 진행하는 '운영'입니다. '기획'은 음악감독을 중심으로 교향악단 연간 계획을 수립하고 전체적인 그림과 방향성을 설정하는 것입니다. 그 해의 목표가 정해지는 것과도 연관이 됩니다. 어떠한 프로그램으로 청중들에게 다가갈지, 단원들의 역량과 동기부여에 역할을 할지 등을 고려해야 하는 업무입니다. 또한, 지역, 청중의 특성, 계절 등을 고려하여 지휘자와 함께 적절한 프로그램을 구성하는 작업이기도 합니다. 이렇게 기획된 공연을 행정적인 절차를 거쳐 무대에 올리는 것이 '운영'입니다. 기획이 집의 기초를 다지는 작업이라면, 운영은 그 뼈대 위에 탄탄하고 멋진 외관을 만들어 가는 작업입니다. 우리의 연주자들을 무대에서 가장 돋보이고 아름답게 표현할 수 있는 것이 운영의 묘미입니다.

잘 기획된 공연은 그 내용이 알차고, 잘 운영된 공연은 이를 보러온 관객들의 만족도와 공연의 안정성을 높여줍니다. 이 두 가지의 업무를 조화롭게 진행하는 팀이 KBS교향악단의 공연기획팀으로, 100여 명의 단원들과 가장 가까운 지점에서 끊임없이 조율하며 하나의 공연을 완성해 가고 있습니다.

Q. 공연기획팀에게 가장 필요한 능력은 무엇인가요?

A. 공연기획자는 다양한 역량을 요구받습니다. 공연을 보는 안목, 판단력, 유연성, 신속한 의사 결정력, 그리고 소통 능력 등은 모두 시간과 경험, 노력을 통해 발전하는 부분이라고 생각합니다. 이 외에 한 가지를 꼽으라면 저는 '돌발 상황을 즐길 수 있는 여유'라고 생각합니다. 공연 현장은 아무리 철저히 준비하더라도 늘 예상치 못한 변수들이 발생합니다. 저는 후배들에게 종종 이렇게 말하곤 합니다.

"100가지를 준비해도 101번째 사건이 일어나는 곳이 바로 무대다."

이처럼 예기치 못한 일이 생겼을 때, 그것을 두려움이나 스트레스로 받아들이기보다 침착하게 수용하고 해결하려는 태도가 필요합니다. 이러한 여유와 배포가 있어야 공연 기획의 긴장감 속에서도 일을 즐길 수 있고, 문제 상황에 대해 신속하고 정확한 판단을 내릴 수 있다고 생각합니다. 물론 돌발 상황이 일어나지 않도록 수없이 공연을 시뮬레이션하고 사전에 대책을 마련해 두어야 하는 것이 기본이겠지요.

Q. 업무 중 어려웠딘, 또는 특별했던 일이나 에피소드가 있다면 무엇인가요?

A1. 사라진 연주자와 멈출 수 없는 버스

교향악단에서 '시간'은 정말 절대적인 기준입니다. 연습 시작 1분만 늦어도 지각으로 기록될 만큼, 한 사람의 1분 지연이 곧 100명의 시간을 늦추게 되기 때문이죠.

투어 중 버스로 이동하던 날이었습니다. 휴게소에 들러 "정확히 20분 후에 출발하겠다"고 공지했고, 예정된 시각이 되어 버스는 그대로 출발했습니다. 그런데 잠시 후 한 연주자로부터 "버스를 못 찾겠다"는 다급한 연락이 왔습니다. 고속도로 위에서 버스를 돌릴 수도 없고, 그 연주자가 도보로 올 수도 없는 난감한 상황이었죠. 다행히 같은 방향으로 가던 여행객들의 도움으로 그 연주자는 다른 차를 얻어 타고 공연장에 무사히 도착했습니다. 지금 돌이켜보면 아찔하면서도 웃음이 나는 순간이었어요. 하지만 지금도 이 규칙은 깨지지 않고 잘 지켜지고 있습니다.

A2. 해외 투어에서 마주한 악기 파손 사고

해외 투어를 하다보면 크고 작은 사건, 사고들이 늘 발생합니다. 악기를 잃어버린 단원, 옷이나 신발을 빠뜨린 단원, 여권을 잃어버리는 단원까지…. 그럼에도 해외에서 가장 큰 사고 중 하나는 악기 파손 사고입니다.

한여름 무더위에 폴란드 바르샤바에 초청받아 연주를 하게 되었는데, 항공 화물로 운반해 온 악기 통을 여는 순간 여러 대의 악기가 파손된 사고가 있었습니다. 고가의 악기를 운송하는 과정은 언제나 철저하고 조심스럽게 이루어지지만, 장시간 운송 중 발생한 온도차에는 대응하기가 쉽지 않았습니다. 수리나 보상의 문제는 생각할 겨를도 없이, 무엇보다 먼저 떠오른 건 '이 연주를 어떻게 무대에 올릴 것인가'였습니다. 유럽 전역이 휴가철이라 악기를 대여할 곳도 많지 않았지만, 기획팀과 단원들이 함께 지인과 현지 오케스트라의 도움을 받아 악기를 긴급히 확보하고 일부는 현지에서 수리해 연주에 올렸습니다. 결국 예정대로 무대에 섰고, 공연이 끝난 뒤 관객의 기립박수를 받으며 모두가 안도와 감동을 함께 느꼈던 순간이었습니다.

Q. 단원들과는 어떤 소통을 하며, 서로 어떤 관계인가요?

A. 단원들과는 음악적인 부분에서부터 개인의 사소한 이야기까지 다양한 대화를 나눕니다. 객원 지휘자나 협연자, 초청 연주자에 관한 이야기, 곡목 선정, 연습과 공연 스케줄은 물론, 단원들의 건강이나 개인 사정까지 다양한 이야

기를 나눕니다. 이것이 공연기획팀의 역할 중 하나이지요. 그중에서도 저는 연주자들이 무대에서 느낀 감정이나 만족도, 아쉬움 등에 대하여 소통하는 것을 가장 좋아합니다. 그 진솔한 이야기가 다음 공연의 원동력이 되기 때문입니다.

교향악단에서 기획팀과 단원은 '원 팀(One Team)'입니다. 단원들의 역할이 무대 위에서 최고의 연주를 만들어내는 것이라면, 기획팀의 역할은 그 무대가 빛나도록 환경을 세심하게 준비하는 것입니다. 서로의 역할은 다르지만, 같은 방향을 바라보며 좋은 음악을 위해 함께 움직이는 동료입니다.

Q. 좋은 오케스트라란 무엇이라고 생각하시나요?

A. 좋은 오케스트라의 가장 기본은 탄탄한 연주력과 예술성이겠지요. 오케스트라의 본질은 결국 '음악'이니까 한 사람 한 사람이 자신의 악기와 소리에 책임을 다할 때 비로소 하나의 음악이 완성된다고 생각합니다. 하지만 좋은 오케스트라란 서로의 소리를 들으며 함께 호흡하는 조직, 그리고 서로를 신뢰하며 공동의 목표를 향해 나아가는 공동체여야 합니다. 아무리 뛰어난 연주자들이 모여 있어도 서로의 소리를 듣지 못하면 그 음악은 완전해질 수 없다고 생각합니다. 여기에 명확한 비전과 건강한 리더십, 그리고 구성원들의 주인 의식이 더해져야 합니다. 이러한 요소들이 균형을 이룰 때 오케스트라는 자신만의 정체성을 확립하고 시대와 사회 속에서 의미를 지닌 단체로 지속된다고 생각합니다. 그리고 무엇보다 음악으로 시대의 변화에 발맞추어 가며, 그 안에서노 예술의 본질을 잃지 않는 오케스트라가 진정으로 좋은 오케스트라라고 생각합니다.

Q. 미래의 오케스트라는 어떤 모습일까요? 개인적으로 어떤 모습을 그리고 계신가요?

A. 오케스트라는 17세기부터 지금까지 거의 같은 형태로 이어져 온 예술 장르

입니다. 이는 단순히 전통을 지켜서가 아닌, 아름다움이라는 본질적 가치가 시대를 넘어 여전히 사람들의 마음을 움직이기 때문이라고 생각합니다. AI가 음악을 작곡하고 연주를 시뮬레이션하는 시대가 왔지만, 음악의 진짜 힘은 사람이 만들어내는 순간의 울림에 있습니다. 무대 위에서 느껴지는 호흡, 긴장, 그리고 서로의 감정이 섞이는 그 순간은 어떤 기술도 대신할 수 없겠지요.

하지만 형태는 달라질 것으로 생각합니다. 거장의 권위적 리더십에서 벗어나,지휘자와 단원들이 수평적으로 협력하는 민주적인 오케스트라, 그리고 단원 개개인이 하나의 독립된 예술가로서 사회와 더 밀접하게 소통하는 무대로 이미 변해가고 있습니다. 또한 대편성 중심의 악단에서 점차 모듈형·프로젝트형·협업형 오케스트라로 발전할 가능성도 있을 것입니다. 오케스트라는 공연장 안에 머물지 않고 지역사회와 교육, 치유, 환경 같은 사회적 영역을 넓혀가며, 기술의 발전과 더불어 새로운 예술적 가능성을 계속 실험하게 되지 않을까 생각합니다.

그럼에도 오케스트라는 기술보다 사람, 효율보다 공감, 그리고 이윤보다 의미를 지켜내는 예술로 존재할 것이라 믿습니다. 그것이 오케스트라가 시대를 넘어 지속되어 온 이유이자, 앞으로도 우리에게 필요한 이유라고 생각합니다.

Q. KBS교향악단 공연기획팀에서 근무하며 가장 보람을 느낀 순간은 언제인가요?

A. KBS교향악단뿐 아니라 문화예술 단체에서 근무를 시작하던 첫날부터 지금까지, 저에게 가장 보람된 순간은 언제나 공연이 끝난 그 순간입니다. 공연이 끝나고 객석을 빠져나가는 관객들의 얼굴에서 감동과 행복, 그리고 여운이 섞인 표정을 볼 때마다 '아, 다행이다. 오늘 우리의 음악이 누군가의 마음을 움직였구나' 하는 생각이 듭니다. 그리고 무대 뒤에서는 방금 연주를 마친 단원들이 서로 눈빛을 주고받으며 벅찬 마음으로 악기를 정리할 때, 다음

공연을 향한 설렘과 기대가 자연스럽게 차오릅니다. 공연이 끝나는 순간 기획팀에게는 끝이 아닌 또 다른 공연의 시작이기에 그 시작의 원동력은 언제나 관객들과 연주자들에게서 오는 것 같습니다.

음악이 무대 위의 연주자와 객석의 관객, 그리고 그 사이를 잇는 모든 사람의 마음을 하나로 이어주는 그 순간이 이 일의 가장 큰 매력이자, 가장 큰 보람이라고 생각합니다. 어느 순간부터 공연이 끝난 뒤 무대 뒤에서 습관처럼 하게 된 말이 있습니다.

"잘했다, 다 잘했다."

Q. 팀장님의 꿈은 무엇인가요?

A. K-컬처와 K-아트가 세계적인 관심을 받고, 한국의 예술가들이 세계 무대에서 활약하는 모습을 볼 때마다 한편으로는 우리 문화예술 단체의 현실에 대해 늘 고민하게 됩니다. 문화예술 단체들은 지속성 있는 리더십의 부재, 단체의 특성을 고려하지 않은 규정과 행정 절차, 그리고 구성원의 전문성이 충분히 인정받지 못하는 현실 속에서 여전히 더딘 진화를 겪고 있다고 생각합니다. 물론 이런 변화가 하루아침에 이루어질 수는 없겠지만, 저는 저의 후배들이 창의적인 문화예술 단체에서 일한다는 것 자체를 자부심으로 느끼고, 전문가로서 존중받으며 일할 수 있는 환경을 만드는 데 작게나마 보탬이 되고 싶습니다.

20년 넘게 이 일을 하면서도 여전히 "어떻게 해야 할까?"라는 질문을 품고 있지만, 그 고민이 바로 제 꿈의 원동력입니다. 어디에, 어떤 자리에 있든 다음 세대가 더 좋은 환경에서 일할 수 있도록 시스템을 세우고, 문화예술 단체가 조금 더 자립할 수 있는 기반을 만들어가는 것이 저의 꿈입니다.

공연의 원활한 악보 수급을 책임지는 악보계

한편, 공연을 하는데 있어서 악보는 첫 음을 내기 위한 출발점이다. 그 악보를 구해오고 정리하여 나눠주는 역할이 바로 '악보계'이다. 단원들이 당연하게 들고 있는 것처럼 보이는 악보는 지휘자와 협연자의 해석, 곡의 버전 선택, 편성 검토, 저작권 처리 등 복잡한 절차를 거쳐야만 비로소 무대에 오를 수 있다. KBS교향악단의 악보계는 이러한 모든 과정을 총괄하며 매 공연마다 단원들이 가장 정확하고 최적화된 악보로 연주할 수 있도록 책임진다.

KBS교향악단의 악보 창고 모습.
악보계는 수도 없이 많은 악보를
언제나 꺼내 쓸 수 있게 도서관처럼 보관한다.

옛 악보들을 따로 보관해 놓은 선반장 모습.
오래된 악보가 쌓여갈수록
KBS교향악단의 역사도 함께 깊어진다.

리허설에서 지휘자가 언급한 각종 악상[1]의 정리, 렌탈 악보 수급, 공연 중 악보 교체, 리허설·공연 전후의 악보 배치, 공연 후 아카이빙까

---

[1] 음의 셈과 여림의 정도, 즉 음의 크기를 의미한다.

귀 열어, 클래식 들어간다

지 악보계는 한 공연의 사이클 전반을 관리한다. 무대 위 음악의 완성도를 결정짓는 가장 섬세한 마지막 단계라 해도 과언이 아니다.

KBS교향악단 직원이 말하는 Q&A

공연기획팀 악보계 장동인 과장

Q. 공연기획팀 악보계는 어떤 일을 하나요?

A. 악보계는 단원들이 연주할 악보를 준비하는 일을 담당합니다. 이를 위해 먼저 지휘자, 협연자와 소통하여 필요한 악보 버전과 편성을 파악합니다. 교향악단이 해당 악보를 보유하고 있지 않다면 구매처를 찾거나 저작권 에이전시와 협의하여 렌탈 악보를 확보합니다. 방송교향악단의 특성상 TV, 라디오, 유튜브 업로드 등 이차적 이용이 많기 때문에 이에 따른 권리·저작권 처리도 반드시 선행해야 합니다. 이러한 준비 과정을 마친 뒤 실제 공연에 사용할 실물 악보를 필요한 수량만큼 준비하고, 지휘자나 악장의 지시가 있을 경우 보잉 및 악상 표기 등을 진행한 후에 최종본을 단원들에게 불출합니다. 이후 리허설과 공연 전후로 악보를 제자리에 배치하고, 공연 중 무대 전환이 있을 경우 악보 재배치 및 지휘자 보면대 악보 교체, 공연 종료 후 악보 정리 및 아카이빙까지가 하나의 공연을 준비하는 사이클이라 할 수 있습니다.

Q. 악보계에게 가장 필요한 능력은 무엇인가요?

A. 말 그대로 악보를 보는 능력이 필요합니다. 생각보다 곡의 편성 정보 및 악보의 구매 정보에 기재된 내용과 실제 악보가 다른 경우가 있습니다. 이때 무엇이 잘못되었는지 알아챌 수 있어야 하는데, 이를 위해서는 어느 정도의 음악 전공 지식이 필요합니다. 또한 여느 사무직에서 요구되는 능력(꼼꼼함, 성실함, 일정 관리 능력)도 중요합니다. 특히 연주 일정과 악곡의 난이도에 따

라 악보 불출 우선순위를 조정해야 하므로 항상 이번 주, 이번 달에 대한 전체 흐름을 고려하며 업무를 수행해야 한다고 생각합니다. 이런 능력이 갖춰진 상태에서 가장 중요한 건 모든 연습 및 연주 스케줄을 소화해 낼 수 있는 체력이 필요하다고 생각합니다.

Q. 단원들과는 어떤 소통을 하며, 서로 어떤 관계인가요?

A. 이조[2]나 페이지 턴[3] 혹은 그 외 악보 관련 요청이 있을 경우 단원들이 최대한 편하게 연주할 수 있는 방법을 강구하여 도움을 드리고 있습니다. 단원들과는 연습실과 공연장에서의 모든 스케줄을 함께 하다 보니 자연스럽게 각자의 고충을 잘 이해하며, 서로 격려하는 관계라고 생각합니다.

Q. 미래의 오케스트라는 어떤 모습일까요? 종이 악보는 아이패드를 활용한 전자 악보로 교체될까요?

A. 사실 여타 실내악 및 프로젝트 오케스트라에서는 이미 태블릿으로 악보를 보며 연주하는 모습을 흔히 볼 수 있게 되었습니다. 하지만 프로 수준의 상설 단체에서 전면적으로 태블릿 악보를 도입한 사례는 아직 보지 못했습니다. 클래식 음악 연주 단체는 새로운 방식을 도입하는 데 있어 가장 보수적인 곳 중 하나이기도 하고, 실제 연주 중 오류로 태블릿이 꺼지거나 페이지 턴 페달이 작동하지 않아 당황하는 경우를 적지 않게 봐왔기 때문에, 전면 도입은 한참 걸릴 것이라 생각합니다.

다만 언젠가 전면 도입하게 된다면, 하나의 작품 내에서 지휘자 및 모든 파트 구성원의 악보가 모두 연동되는 형태가 아닐까 싶습니다. 지휘자가 설명

---

[2] 어느 악곡 전체의 조(Key)를 다른 조로 옮기는 것. 노래방에서 음역대에 맞게 조를 옮기는 것과 같은 의미이다.
[3] 악보는 연주자가 연주를 잠시 쉬는 구간 또는 연주 중이라도 무리 없이 페이지를 넘길 수 있도록 구성되어야 한다. 일반적으로는 이를 고려해 출판·인쇄되지만, 그렇지 않은 경우에는 악보 담당이 별지 부착 등의 방법으로 이를 보완한다.

과 함께 해당 파트에 직접 표기하거나, 악장 혹은 각 파트의 수석이 보잉 및 악상을 바꿀 경우 다른 단원들의 악보에 동시에 적용이 되는 방식을 상상해 볼 수 있을 것 같습니다.

Q. KBS교향악단 공연기획팀 악보계에 근무하며 가장 보람을 느낀 순간은 언제인가요?

A. 상시적으로는 매 연주마다 두 번의 보람을 느낍니다. 리허설 때 모든 곡의 리딩이 사고 없이 끝났을 때, 그리고 공연이 사고 없이 끝났을 때입니다. 때로는 제가 조금 더 수고해 악보를 개선한 결과, 실제 리허설이 더 효율적으로 진행되는 것이 눈에 보일 때는 남 모를 뿌듯함을 느끼기도 합니다.

공연사업팀
: 벌을 불러 모으는 꽃가루

관객과의 소통

공연기획팀이 무대 위의 꽃을 피워낸다면, 그 꽃에 최대한 많은 벌(관객)이 모일 수 있도록 돕는 것이 바로 공연사업팀이다. 쉽게 말해, 기획팀이 '무대 뒤'에서 공연을 만드는 사람들이라면, 사업팀은 '무대 앞'에서 관객을 만나는 사람들이다. 공연사업팀의 첫 번째 임무는 공연을 세상에 알리는 일이다. 하나의 공연이 기획되면 가장 먼저 공연의 얼굴이 될 포스터와 프로그램북을 제작한다. 이후 예매 사이트에 티켓을 오픈하고, 언론에 보도자료를 배포하며, SNS와 홈페이지를 통해 다양한 홍보 방안을 모색한다. 공연기획팀이 지휘자, 협연자, 단원과 같은 연주자들과 긴밀하게 소통한다면, 공연사업팀은 로비에서 관객과 직접 눈을 맞추며 소통한다.

공연사업팀 사무실에는 그간 공연했던
프로그램북을 모아 놓고 있다.

관객이 공연장에 들어서는 순간부터 사업팀의 역할은 본격적으로 시작된다. 티켓 부스에서 예매 확인을 돕고, 프로그램북을 배부하며, 관객이 공연을 보다 편안하게 즐길 수 있도록 안내한다. 공연 당일 로비에서 분주히 움직이는 이들의 모습은 공연의 또 다른 무대를 보는 듯하다. 그리고 이러한 관객과의 접점은 단순한 서비스가 아니라, 오케스트라에 대한 첫인상과 직결된다.

KBS교향악단 인스타그램, 유튜브 채널

또한 공연사업팀은 공연의 생생한 현장을 기록하는 역할도 맡는다. 리허설 중간중간 촬영을 진행해 무대 뒤의 긴장감과 열정을 영상과 사진에 담아내는데, 이렇게 만들어진 콘텐츠는 온라인에서 또 다른 소통의 창구로 활용된다.

온라인이라는 바람을 타고 퍼져나간 꽃가루

최근에는 디지털 시대의 흐름에 맞추어, 문화예술 홍보의 중심이 자연스럽게 뉴미디어로 이동하고 있다. 불과 5년 전만 해도 문화예술계 홍보의 초점은 온라인보다 오프라인에 더 많이 쏠려 있었다. 길거리에 붙은 포스터, 공연장 앞 현수막, 신문 광고가 주요한 홍보 수단이었다. 하지만 디지털 시대가 열리면서 결국에는 사람들이 가장 많이 모이고 시간을 보내는 곳인 온라인 플랫폼에서 홍보해야만 했다. 그리고 그 흐름은 필연적이었다. 아무리 전통적이고 보수적인 클래식 장르라 하더라도, 홍보와 소통의 방식에서는 시대의 변화를 따라가야 하는 것이다.

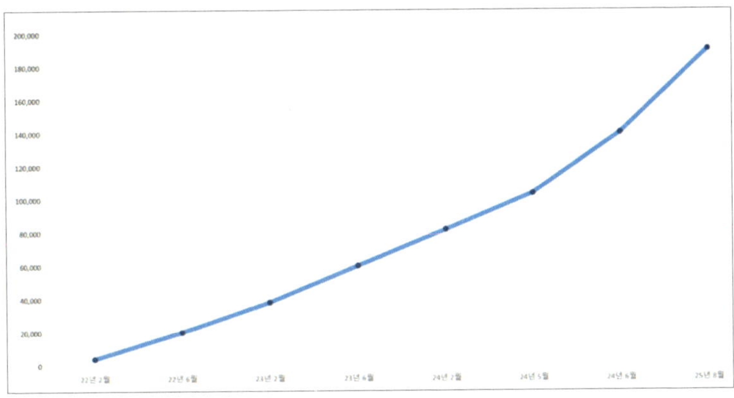

3년 만에 4천 명에서 19만 명 규모로 성장한 KBS교향악단 유튜브 채널 구독자 증가표

특히 KBS교향악단은 유튜브 채널을 통해 눈에 띄는 성과를 거두었다. 몇 년 전만 해도 구독자는 4천 명 수준이었지만, 불과 3년 만에 19

만 명 규모로 급증하며 아시아 오케스트라 채널 1위에 올랐다. 이는 단순한 숫자의 성장이 아니라, 새로운 관객층을 끌어낸 중요한 성과다. 실제로 유튜브가 본격적으로 활성화되기 이전 24세 이하 청소년 관객의 평균 예매율은 2.75%에 불과했지만, 2024년에는 5%까지 증가하였다. 클래식 장르의 지속 가능한 관객층인 젊은 세대가 '클래식의 매력을 느끼고 공연을 직접 찾아오는 계기'를 만들어낸 것이다. 이는 주 관객이 중년층인 클래식 장르에서 상당히 유의미한 결과이다.

예매자 통계

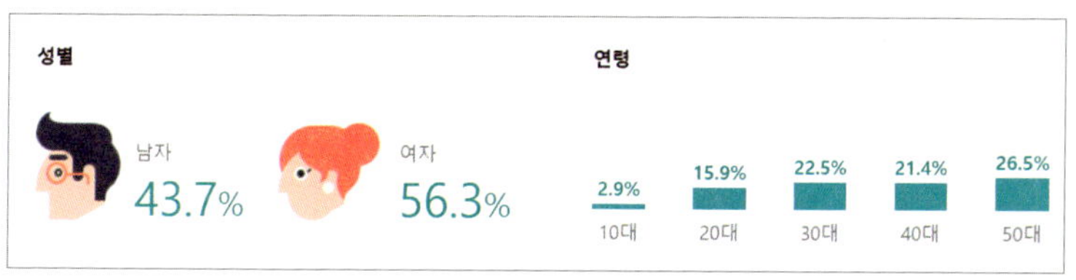

제817회 정기연주회 티켓 예매율.
10~30대가 41.3%로 젊은 세대의 클래식 관객층이 눈에 띄게 증가하였다.

결국 공연사업팀은 단순히 티켓을 파는 부서가 아니다. 오케스트라가 무대 위에서 만들어낸 음악을 더 많은 사람들에게 닿게 하는 꽃가루 역할을 한다. 꽃이 피었을 때 그 아름다움을 아무도 알아주지 않는다면 얼마나 허무할까? 하지만 공연사업팀이 있다면 그 꽃은 반드시 더 많은 벌을 불러 모으고, 그로 인해 관객의 박수와 환호가 다시 오케스트라의 힘으로 되돌아올 것이다.

KBS교향악단 직원이 말하는 Q&A

공연사업팀 강길호 팀장

Q. 공연사업팀에서는 주로 어떤 업무를 하나요?

A. 부서명만 들으면 다른 단체의 공연기획팀 업무와 혼동하거나 오해할 수도 있는데, KBS교향악단 사무국 공연사업팀은 기존의 홍보마케팅팀에서 하는 공연 홍보, 홍보물 제작, 티켓 발권, SNS와 유튜브 등 콘텐츠 업무와 영상 아카이브 관리를 진행하고, 사회공헌 사업의 협찬과 유치, 찾아가는 음악회를 진행하고 있습니다.

Q. 공연사업팀에게 가장 필요한 능력은 무엇인가요?

A. 클래식이라는 특별한 콘텐츠를 다루는 부서이기 때문에 일반적인 홍보 마케팅 역량과 더불어 공연예술과 공연장에 대한 이해가 필수적입니다. 음악 전공자가 아니더라도 음악을 이해하는 감수성과, 대중과 연결하는 소통력, 그리고 디지털 시대에 걸맞은 다양한 채널 마케팅 운영 능력이 필요하고, 돌발상황(공연 취소나 언론 대응 등)에 빠르고 적절히 대응할 수 있는 위기 대응 능력도 필요합니다.

Q. 업무에서 어려웠던, 또는 특별했던 일이나 에피소드가 있다면 무엇인가요?

A. 코로나19 팬데믹 기간(2020~2022년) 동안 공연예술계 전반이 직격탄을 맞으면서 KBS교향악단 역시 위기를 극복하기 위해 다양한 방식으로 노력했던 기억이 남아 있습니다. 코로나 초기에는 정부의 집합금지 명령으로 인해 50인 이상이 한 공간에 모일 수 없게 되면서 대부분의 공연이 취소되거나 연기되었고, 자가격리로 인해 해외 연주자들의 이동까지 제한되면서 지휘자가 국내로 들어오지 못해 대체 연주자가 무대에 오르는 일도 있었습니다. 객석을 비워두고 무관중으로 온라인 스트리밍 공연을 하기도 했습니다. 또한

공연을 기획하고 진행하는 공연기획팀 직원 중 확진자가 발생하여 팀원 전체가 2주간 자가격리를 들어가면서, 다른 부서 직원들이 공연을 진행하기 위해 대체 투입되었던 에피소드도 기억에 남습니다. 돌이켜보면 당시의 제한된 상황 속에서도 관객과 소통하기 위한 이러한 노력들이 현재 KBS교향악단의 강점인 유튜브와 SNS 등 온라인 콘텐츠 성장의 밑거름이 되지 않았나 싶습니다.

Q. 단원들과는 어떤 소통을 하며, 서로 어떤 관계인가요?

A. 각 팀마다 단원들과 소통하는 방식이 조금씩 다른데, 공연사업팀의 경우 홍보 목적의 리허설 촬영, 인터뷰, 유튜브 콘텐츠 제작 등을 위해 메신저나 개별 연락을 통해 많은 소통을 하고 있습니다. 최근에는 소셜미디어의 발달로 단원들도 다양한 콘텐츠 환경에 익숙해지면서 협조와 참여가 자연스럽게 이루어지고 있습니다. 덕분에 업무 진행에도 큰 도움이 되고 있습니다.

Q. 공연의 티켓 가격은 어떻게 정해지나요?

A. KBS교향악단의 티켓 판매 공연(정기연주회·기획연주회)은 시즌 오픈 전에 출연진, 공연 비용, 프로그램, 공연장 환경 등 여러 요소를 종합적으로 고려해 가격을 책정합니다. 지휘자나 협연자의 명성과 실력이 높을수록 개런티가 상승해 티켓 가격에도 영향을 미치며, 무대 조명이나 기술 장치가 필요한 경우 역시 단가 상승의 요인이 됩니다. 이렇게 구성된 연간 공연 일정과 사업 계획(예상 공연 수입)을 검토한 뒤, 공연별로 R석 등급부터 단계적으로 가격을 책정합니다. 이후 공연장별 무대와 관객석의 거리, 시야, 음향 효과 능에 따라 좌석 등급(R, S, A, B, C)을 나누고, 그에 따라 최종 티켓 가격을 확정합니다.

Q. 좋은 오케스트라란 무엇이라고 생각하시나요?

A. 단순히 연주 실력이 뛰어난 단체뿐 아니라, 공연장을 넘어 어떠한 경로를 통

해서든지 지역사회 여러 계층과 세대가 클래식 음악을 쉽게 접하고 즐길 수 있는 기회를 지속적으로 제공하는 문화예술 단체라고 생각합니다. 이를 위해서는 명확한 비전과 정체성을 바탕으로, 후원이나 티켓판매, 지원금 등 재정적인 균형을 유지해 지속 가능한 운영 체계를 갖추어야 합니다.

Q. 미래의 오케스트라는 어떤 모습일까요? 개인적으로 어떤 모습을 그리고 계신가요?

A. 미래에 추구되어야 하는 오케스트라의 모습을 예상해 본다면 기술의 발전으로 AI 작곡, 혁신적인 무대 연출 등 새로운 형식의 공연이 지속적으로 시도될 것이며, 관객이 단순히 연주를 감상하는 구조에서 벗어나 참여하고 체험하는 프로그램을 강화한 '양방향 소통형 공연'의 기획 또한 필요해 보입니다. 더불어 전 세계적 이슈인 친환경 탄소중립 운영을 위해 인류 공동의 가치와 연계된 경영·기획 시스템이 확대될 것으로 예상됩니다.

Q. KBS교향악단 공연사업팀에서 근무하며 가장 보람을 느낀 순간은 언제인가요?

A. 공연사업팀은 단순히 공연을 알리는 것을 넘어 음악을 통해 관객과 단체가 만나는 '접점'을 만드는 역할을 합니다. 기획된 공연의 출연진과 프로그램을 바탕으로 다양한 홍보물을 제작하고, 언론과 온라인 콘텐츠를 통한 홍보를 진행하는데, 이로 인해 새로운 관객층이 공연을 찾아와 감동을 받았다는 이야기를 들을 때 큰 보람을 느낍니다. 또한 공연 당일 관객들로 꽉 찬 공연장 로비에서 홍보물을 배경으로 사진을 찍고, 홍보 책자를 보며 즐거워하는 관객들이 많으면 공연사업팀에서 만든 메시지와 전략이 실제 성과로 연결된 것 같아 큰 성취감을 느끼고, 좋은 음악이 더 많이 알려질 수 있도록 통로를 열었다는 점에서 큰 보람을 느낍니다.

경영관리팀
: 정원의 화분

난 그대의 화분이 될게요

공연기획팀과 공연사업팀이 무대 최전선에서 단원들을 직접적으로 지원한다면, 경영관리팀은 그 모든 활동에 필요한 기초 체력을 다져주는 부서다. 오케스트라라는 거대한 나무가 흔들림 없이 뿌리를 내리고 해마다 꽃을 피울 수 있도록 보이지 않는 곳에서 양분을 공급하는 것이다.

전쟁에서 '무기보다 더 중요한 것이 보급'이라는 말이 있다. 아무리 뛰어난 무기가 있어도 식량과 연료가 공급되지 않으면 전투는 오래 지속될 수 없다. 오케스트라도 마찬가지다. 아무리 뛰어난 연주자와 훌륭한 기획이 있어도, 이를 뒷받침하는 조직 관리와 재정 운영이 흔들린다면 결코 장기적으로 살아남을 수 없다. 경영관리팀은 바로 이 보급로를 지키는 든든한 수비수이자, 거대한 나무를 묵묵히 품이네는 단단한 화분 같은 존재다.

경영관리팀의 업무는 생각보다 폭넓다. 경영에 필요한 각종 정책을 수립하고, 이사회와 소통하며 교향악단과 사무국 전체의 큰 방향을 결정한다. 매년 수많은 공연과 투어, 프로그램을 운영하기 위해서는 막대한 예산이 필요한데, 이 예산을 편성하고 관리하는 것 역시 경영관리팀의 역할이다. 한 공연이 성공적으로 막을 내릴 수 있는 배경에는 언제나 경영관리팀이 촘촘하게 세워둔 재정 계획이 자리하고 있다.

경영관리팀 전경 사진

음악도, 사람도 지켜내는 일

오케스트라는 수많은 단원과 직원들로 구성된 조직이다. 수백 명의 사람들이 함께 움직이다 보면 자연스럽게 크고 작은 문제가 발생한다. 노무·법무 관련 문제에 대응하고, 단원들의 근로 조건을 관리하며, 단체가 법적·행정적으로 안정적으로 굴러갈 수 있도록 뒷받침하는 것 역시 경영관리팀의 영역이다.

"만약 공연 이동 중 교통사고가 난다면?"

"무대에서 악기가 파손된다면?"

공연 현장에서는 언제든 돌발 상황이 발생할 수 있다. 수십억 원대에 달하는 악기가 순간의 부주의로 손상되기도 하고, 갑작스러운 사고로 인해 전체 일정에 차질이 생길 수도 있다. 이럴 때 경영관리팀은 법무 자문을 제공하고, 보험·계약 문제를 조율하며 단체가 치명적인 타격을 입지 않도록 방어선을 구축한다. 공연이 무사히 끝나는 그 순간까지, 그들의 세심한 관리와 준비가 든든한 울타리가 되어준다.

또한 매주 공연과 리허설을 반복하는 단원들과 직원들이 충분히 휴식하고 다시 힘을 낼 수 있도록 복리 후생 제도를 마련하는 것도 경영관리팀의 몫이다. 휴가 제도, 건강검진, 연습실 환경 개선, 교육 지원 등 다양한 제도가 결국 단원들이 무대 위에서 최상의 컨디션으로 연주할 수 있도록 돕는다. 오케스트라의 성패는 결국 '사람'에게 달려 있기 때문이다. 아무리 훌륭한 기획과 홍보가 있어도, 단원들이 지치고 무너지면 좋은 연주는 나올 수 없다.

결국 오케스트라와 사무국은 하나의 정원과도 같다. 공연기획팀이 아름다운 꽃을 피워내면, 공연사업팀은 그 꽃에 벌을 불러 모아 관객과의 만남을 만들어낸다. 그리고 경영관리팀은 든든한 화분처럼 보이지 않는 자리에서 양분을 공급해, 꽃이 매년 시들지 않고 다시 피어날 수 있도록 토대를 다져준다. 꽃, 벌, 화분 중 어느 하나라도 빠지면 정원은 완성될 수 없다. 오케스트라도 마찬가지다. 무대 위의 연주자들이 찬란하게 빛날 수 있는 이유는, 그 뒤에서 정원을 가꾸는 사무국이 각자의 역할을 다하고 있기 때문이다.

KBS교향악단 직원이 말하는 Q&A
경영관리팀 손대승 팀장

Q. 경영관리팀에게 가장 필요한 능력은 무엇인가요?

A. 경영관리팀이 갖춰야 할 인사, 재무, 회계, 법무, 노무 등 기본적인 업무적 전문성 외에 가장 필요한 능력을 꼽자면 '공감'과 '신뢰'라고 생각합니다. 첫째로 오케스트라에는 음악을 전공한 단원과 직원들이 많습니다. 이들이 일상적으로 수행하는 창의적 업무는 행정적 절차나 규정과는 다른 방식으로 움직이기 때문에, 구성원의 입장에서 편하고 효율적인 근무 환경을 만들어가는 '공감' 능력이 우선 필요합니다. 둘째로 경영관리팀에서 시행하고 해석하는 규정과 제도는 원칙적이고 보편적이며 일관성이 있어야 합니다. 그래야 구성원들이 제도에 대해 '신뢰'를 갖고, 갈등과 혼란도 최소화할 수 있습니다.

Q. 단원들과는 어떤 소통을 하며, 서로 어떤 관계인가요?

A. 많은 분들이 사무국과 단원들이 음악적 소통을 많이 할 것이라 생각하지만, 오케스트라도 엄연한 조직이자 회사입니다. 개별적으로는 경조사, 외부 출연, 근태, 급여, 업무상 고충 등 다양한 사안으로 대화를 많이 나누며, 단체적으로는 법정 교육, 노사협의, 제도 개선, 임금 협상, 연말정산 등 근로 및 복지에 관한 다양한 사안을 공지하고 협의합니다. 누군가는 경영관리팀을 다소 불편한 존재로 생각할 수 있지만, 분명한 것은 단원들이 자유롭고 안전

한 범위 안에서 음악 활동에 집중할 수 있도록 '울타리'를 제공하는 팀이라는 사실입니다.

Q. 좋은 오케스트라란 무엇이라고 생각하시나요?

A. 경영적인 관점에서 좋은 오케스트라는 사무국과 단원 간의 갈등과 오해가 적고, 음악적 문제에 집중할 수 있는 근로 문화가 조성된 오케스트라라고 생각합니다. 음악 활동에는 필연적으로 경영 요소가 개입되고, 그 과정에서 다양한 현안이 발생합니다. 중요한 것은 관리자와 경영관리팀이 최적의 연주 환경을 만들기 위해 노력하고, 단원들 역시 제도나 규정보다 스스로 문제 해결을 위해 머리를 맞대려는 의지를 갖는 것입니다. 이런 상호 노력이 있을 때 비로소 좋은 오케스트라가 완성된다고 봅니다. 외부적으로는 관객, 기업들이 많이 찾아오고 좋은 평가를 보내는 오케스트라가 좋은 오케스트라라고 생각합니다. 그렇게 되면 자연스럽게 티켓 수입과 협찬 수입도 늘어나니까요.

Q. 미래의 오케스트라는 어떤 모습일까요? 개인적으로 어떤 모습을 그리고 계신가요?

A. 미래의 오케스트라는 '조직적', '소통적' 측면에서 나눠볼 수 있을 듯합니다. 먼저 조직적 측면에서는 단원의 개별 활동이 중시되고, 공연의 성격에 따라 대규모 또는 소규모 유닛으로 모여 연주하는 자율적 근로 환경이 조성될 것입니다. 이 과정에서 자연스럽게 새로운 스타 연주자가 탄생하며 대중에게 더 많은 볼거리를 제공할 것이라 예상합니다. 소통적 측면으로는 실연을 선호하는 흐름이 유지되면서, 디지털 기술의 발전으로 감상 환경이 공연장뿐 아니라 집, 사무실 등 다양한 공간으로 확장될 것입니다. 음악 애호가에서 입문자를 두루 아우르기 위한 지휘자 또는 평론가의 '실시간 해설 옵션'도 보편화되어 제공될 수 있습니다. 결국 무대에서 음악을 전달하는 일방적인 역할을 넘어 다양한 청중을 아우르는 상호 교감의 기능이 중요해질 듯합니다.

Q. KBS교향악단 경영관리팀에서 근무하며 가장 보람을 느낀 순간은 언제인가요?

A. 보람찬 순간이라면 다른 말로 자긍심을 느끼는 순간이라고도 말할 수 있을 것 같습니다. KBS와 큰 프로젝트를 끝낸 후 감사의 메시지를 받았을 때, 국가 행사를 국격에 걸맞게 성공리에 마무리했을 때, 대한민국을 대표해 초청받은 해외 무대에서 기립박수를 받았을 때 등이 떠오릅니다. 작게는 공연이 끝나고 무대 뒤에서 땀 흘리고 퇴근하는 단원들에게 박수를 건넬 때, 영상으로만 접하던 세계적인 지휘자와 아티스트를 만나 인사를 나누고 함께 사진을 찍을 때도 큰 행복을 얻습니다.

예술을
지탱하는
구조

오케스트라의 생존법

오케스트라 무대에 오른 이 많은 사람들의 인건비는 도대체 어디서 나오는 걸까? 클래식을 처음 보러 온 관객들이 종종 내게 이렇게 묻곤 한다. "이 티켓 값으로 여기 있는 모든 연주자의 인건비를 감당할 수 있나요?" 사실 나 역시 오케스트라 사무국에서 일하기 전까지는 같은 궁금증을 품고 있었다. 결론부터 이야기하자면, 티켓 판매 수익만으로는 절대 불가능하다.

KBS교향악단 정기연주회. 평균 100여 명의 프로 연주자들이 무대에 오른다.

아무리 객석이 만석이라 해도 그 수입은 전체 운영비의 일부에 불과하다. 국내 클래식 공연의 평균 티켓 가격은 R석 10~15만 원, S석 7~10만 원 수준이다. 주요 공연장의 객석 수가 대략 1,800~2,000석 정도임을 고려하면, 전석 매진이 되어도 티켓 판매 수익은 1~2억 원을 넘기기 어렵다. 그러나 한 번의 공연을 올리기 위해서는 무대 인건비, 지휘자와 협연자 초청료, 악보 대여료, 공연장 대관비, 운송비, 리허설 비용 등 각종 경비가 천문학적으로 들어간다. 단순히 해외 협연자 한 명의 초청료만으로도 고급 세단 여러 대를 살 수 있을 만큼의 예산이 필요하다. 그러니 공연이 매진된다고 해도 그 수익만으로 100명이 넘는 단원을 '먹여 살리기'는 사실상 어렵다.

그렇다면 오케스트라는 어떻게 유지될까? 대부분은 정부나 지방자치단체, 그리고 기업의 후원금으로 운영된다. 시립교향악단의 경우 시의 예산, 즉 시민의 세금으로 유지되며, 그 대신 해당 지역 시민들에게 공연을 통해 문화적 혜택을 돌려준다. 이런 구조는 오케스트라가 단순한 예술 단체를 넘어 공공 문화기관의 역할을 수행하고 있음을 의미한다. 반면 상업적 기획사나 민간단체가 운영하는 오케스트라의 경우 정부 지원이 제한적이기 때문에 기업의 후원이 훨씬 중요해진다. 이런 단체들은 자체적인 기획력과 브랜드를 통해 후원사를 유치해야 하며, 자연스레 티켓 가격도 높아질 수밖에 없다. 다시 말해, 예술성과 경제성이 동시에 요구되는 고난도 균형 게임을 매일 이어가야 하는 셈이다.

　　KBS교향악단의 경우는 조금 다르다. 국내 유일한 방송교향악단으로서 KBS의 지원을 받아 운영되며, 방송과 콘텐츠를 통해 클래식을 대중에게 널리 알리는 공익적 역할을 담당하고 있다. 덕분에 시립 단체보다 더 다양한 무대와 방송 프로그램을 기획할 수 있고, 이런 활동이 다시 오케스트라의 인지도 상승과 후원 유치로 이어지는 선순환 구조를 만든다.

　　결국 오케스트라의 운영은 단순히 '공연 수익'의 문제가 아니라, 한 도시와 국가가 문화예술을 얼마나 중시하느냐를 보여주는 척도이기도 하다. 누군가는 "티켓 몇 장 팔아서 어떻게 유지되겠어?"라고 말하지만, 바로 그 이유 때문에 오케스트라는 언제나 보이지 않는 '후원'의 힘으로 유지된다. 그리고 그 후원 덕분에 오늘도 100명의 연주자들이 무대 위에 올라 음악을 들려줄 수 있는 것이다.

KBS교향악단 직원이 말하는 Q&A

공연기획팀 손유리 팀장 

Q. 오케스트라에서 후원(기업, 정부 등)이 얼마나 중요한가요?

A. KBS교향악단의 경우 전체 재정의 약 60% 이상을 KBS의 기부금으로 지원받고 있으며, 나머지는 티켓 판매, 초청공연, 기업행사, 후원금 등 자체 수입으로 충당하고 있습니다. 단원과 직원 등 약 100여 명의 인건비는 KBS 지원금으로 운영되고, 공연 사업 및 일반 운영 경비는 자체 수입으로 마련합니다. 예술단체의 자립도를 높여야 한다는 이야기가 종종 나오지만, 현실적으로

예술은 단순한 시장 논리로 유지되기 어렵습니다. 공연예술은 티켓 수익만으로는 지속 가능한 구조를 만들기 힘들기 때문에, 국가의 공공 지원과 기업의 문화 후원이 함께할 때 비로소 제 역할을 다할 수 있다고 생각합니다.

저는 '예술은 자율적이되, 결코 독립적이지 않다'는 말을 매우 중요하게 생각합니다. 예술의 자율성은 사회적 연대와 후원 위에서만 유지될 수 있으며, 이러한 관계야말로 예술과 사회가 서로를 지탱하는 가장 건강한 방식이라고 믿습니다.

클래식을 지탱해온 힘

클래식 음악을 들여다보면 늘 따라붙는 단어가 있다. 바로 '후원'이다. 사실 클래식 음악 역사의 시작부터 후원은 떼려야 뗄 수 없는 존재였다. 원래 클래식은 귀족을 위한, 귀족들만의 음악이었다. 세계적인 작곡가들은 마치 오늘날 아이돌 스타처럼 부유한 왕족이나 귀족들의 후원 경쟁 속에서 스카우트되곤 했다. '우리 가문은 모차르트를 직접 고용해 연주를 듣는다'라는 식으로 말이다.

이 구조는 귀족과 음악가 모두에게 윈-윈이었다. 귀족 가문은 최고의 작곡가를 보유하고 있다는 사실만으로 사회적 지위를 과시할 수 있었고, 다른 가문을 초대해 성대한 연회를 열 때면 후원하는 작곡가에게 분위기에 맞는 곡이나 식사 시간에 맞춘 긴 연주곡을 요구하곤 했다. 이처럼 가문의 품격을 한껏 높여주는 음악가는 당시 귀족들에게 가장 중요한 인적 자원이었다. 한편, 이런 구조가 음악가들에게는 생계 걱정 없이 창작에만 몰두할 수 있는 안정적인 환경이 되었다. 후원은 단순한 금전적 지원이 아니라, 음악이 꽃을 피울 수 있도록 만들어 준 토양이었던 셈이다.

귀족들의 후원으로 성장해 온 클래식은 시대가 흐르면서 새로운 형태의 후원으로 채워지게 된다. 바로 '메세나Mecenat'이다. 메세나는 로마 시대 예술 후원가였던 '가이우스 마이케나스Gaius Maecenas'의 이름에서 유래한 말로, 기업이 문화예술이나 스포츠, 공익사업 등을 지원하는 활동을 뜻한다. 예전의 귀족들이 자신의 위상을 드러내기 위해 음악을 후원했다면, 오늘날의 기업은 사회적 가치와 브랜드 이미지를 높이기 위해 예술을 품는다. 클래식은 단순한 예술 장르를 넘어, 한 사회의 품격과 문화적 깊이를 보여주는 상징이 되곤 한다. 그렇기에 기업은 클래식 후원을 통해 고객과 사회에 더욱 고급스럽고 의미 있는 메시지를 전할 수 있다. 이제 후원은 단순한 '광고'나 '홍보' 차원을 넘어서, 기업이 문화를 통해 사회에 기여하는 하나의 방법이 된 것이다.

오늘날 기업의 메세나 활동은 단순한 납선석 시원을 넘어 공연을 기획하거나 아티스트를 지원하며, 고객과 지역사회에 문화를 나누는 장으로 확장되고 있다. 이는 곧 기업 이미지 제고와 직결된다. 단순히 제품을 잘 만드는 기업이 아니라, 문화적 품격을 함께 나누는 기업이라는 인식을 심어줄 수 있기 때문이다. 예를 들어 교보생명은 매년 〈교보 노블리에 콘서트〉라는 이름으로 KBS 교향악단을 초청해 클래식 공연을 개최한다. 이 콘서트는 단순히 음악을 듣는 자리가 아니라, 교보생명이 우수 고객에게 감사의 마음을 전하는 특별한 무대다. 고객들은 최고의 오케스트라 공연을 직접 경험하며 기업이 전하는 진정성을 체감하게 되고, 이는 곧 장기적인 신뢰와 충성도로 이어진다. 교보생명은 문화예술 후원을 통해 기업의 가치를 높이는 동시에 클래식 대중화에도 기여하는 일석이조의 효과를 거두고 있는 셈이다.

2025년 〈교보 노블리에 콘서트〉. 교보생명은 고객들에게 고품격 클래식 음악으로 자사 서비스 외 문화적 체험을 제공하고 있다.

후원이 만든 새로운 관계

클래식 음악계에서 후원은 단순히 '돈을 대주는 일' 그 이상이다. 오케스트라 단체의 입장에서는 후원이야말로 단체의 생존과 성장을 좌우하는 산소와 같은 존재다. 더 흥미로운 점은, 오늘날 많은 오케스트라들은 후원을 받을 때 단순히 '받는 입장'에만 머무르지 않는다는 것이다.

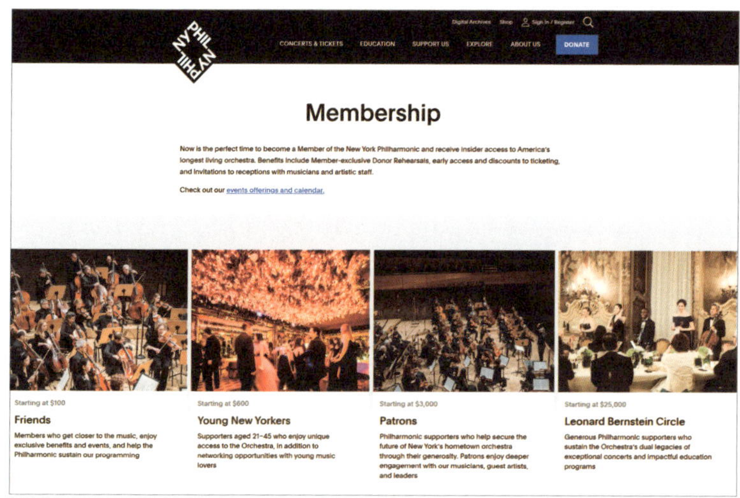

뉴욕 필하모닉 오케스트라의 후원 예우 제도

미국의 주요 오케스트라들은 이미 오래전부터 이런 노하우를 축적해왔다. 예를 들어 뉴욕 필하모닉이나 LA 필하모닉은 Friends, Patrons 등 세분화된 등급으로 후원회원제를 정교하게 운영한다. 일정 금액 이상 기부한 후원자에게는 단순한 감사 인사에 그치지 않고, 일반 예매보다 빠른 티켓 선예매, 전용 라운지 이용, 심지어 연주자와의 만찬 같은 특별한 경험을 제공하는 것이다. 보스턴 심포니의 경우에는 한 걸음 더 나아가 갈라 디너, 음악 크루즈 같은 특별 이벤트를 마련해, 그 수익금을 오케스트라 운영 기금으로 재투자하는 방식까지 구축했다.

흥미로운 점은 이런 프로그램이 단순히 '혜택 제공'에 머무르지 않는다는 것이다. 기부자의 이름을 공연 프로그램북이나 기념 좌석에 새

기고, 특정 공연의 후원자로 공식 표기함으로써, 후원 자체를 하나의 사회적 명예로 만든다. 연구에 따르면 사람들은 단순히 예술에 기여한다는 만족감뿐 아니라, 기부를 통해 사회에서 신뢰와 위상을 얻는다는 점에서 큰 동기를 느낀다고 한다. 이 방식은 후원의 장기적인 안정성을 확보하는 데에도 효과적이다. 단발성 후원이 아닌 매년 정기적으로 후원금을 내는 '구독형' 모델이 자리 잡으면서, 오케스트라는 예산을 훨씬 안정적으로 계획할 수 있게 되었다. 실제로 미국의 주요 오케스트라들은 전체 예산의 상당 부분을 이런 개인 후원 프로그램으로 충당하고 있다.

등급	후원금액	제공혜택	
		기간	등급별혜택 (이하 등급 전체 혜택 포함)
Symphony	1억원 이상	10년	해외연주회 동반 (2인 항공포함 교통/숙박 제공) · 스페셜 클래스 (후원인 관련 기관/단체를 위한)
Concerto	3천만원 이상	5년	VVIP 만찬 · 지역연주회 동반 (2인 교통/숙박 제공(연1회))
Cantata	1천만원 이상	2년	VIP 만찬 · KBS교향악단 명예의 전당 명단 게재
Nocturne	5백만원 이상	1년	공연장 VIP라운지 이용 (환담 및 다과) · 후원회의 밤 행사 초청 · 정기연주회 주차권 증정 · 정기연주회 백스테이지 투어
Prelude	1백만원 이상	1년	KBS교향악단 발간물 우편 발송 · 연주회 Lecture 초청 · 특별연주회 초청 (후원인을 위한 특별연주회) · 교향악단 투어 (및 KBS연습실 리허설 참관(연1회))
Etude	1십만원 이상	1년	공통 혜택 (기부금영수증 발행 및 티켓 20% 할인)

KBS교향악단의 후원회 예우 제도

귀 열어, 클래식 들어간다

결국 오케스트라 단체에서의 후원 증대는 단순히 '돈을 끌어오는 기술'이 아니다. 예술을 사랑하는 사람들에게 특별한 소속감과 명예를 부여하고, 그 힘으로 다시 예술을 이어가는 선순환을 만드는 과정이다. 기업이 아닌 관객 스스로가 예술의 후원자이자 동반자가 되는 구조, 바로 이것이 현대 오케스트라들이 지향하는 미래형 모델이라고 할 수 있다.

이렇듯 클래식의 역사는 처음부터 후원과 함께해 왔다고 봐도 과언이 아니다. 귀족들의 후원에서 시작해 오늘날 기업의 메세나 활동, 그리고 개인과 단체, 정부의 자발적 후원에 이르기까지, 클래식은 언제나 누군가의 지원을 통해 생명력을 이어왔다. 그리고 앞으로도 클래식 공연을 지탱하는 힘은 바로 이 후원의 문화일 것이다. 관객이든, 기업이든, 국가든 누군가의 애정 어린 손길이 이어질 때, 클래식은 시대를 넘어 새로운 울림을 만들어낼 수 있다.

음악이 빚는
문화외교의 힘

국가의 이미지를 만드는 숨은 외교관

좌 베를린 필하모닉 로고, 우 빈 필하모닉 로고

오케스트라는 개인이나 기업의 후원으로도 운영되지만, 무엇보다 지속가능성을 담보하는 가장 큰 후원처는 바로 정부다. 독일의 수도 베를린을 거점으로 활동하는 베를린 필하모닉Berliner Philharmoniker, 오스트리아를 대표하는 빈 필하모닉Vienna Philharmonic처럼 세계적인 오케스트라들은 단순한 음악 단체를 넘어 도시를 대표하고, 더 나아가 한 국가의 문화를 대표하는 상징이 되어왔다.

우리나라 역시 마찬가지다. 각 시도별로 교향악단을 세워 정부와 지자체의 지원을 받아 운영하며, 해당 지역 시민들에게 문화 향유의 기회를 제공한다. 이렇게 잘 운영되는 오케스트라는 단지 연주 단체에 그치

지 않고, 한 도시의 품격을 드러내고 국가 이미지를 높이는 데 기여한
다. 그래서 오케스트라는 종종 국가 외교의 수단으로 활용되기도 한다.
경제력이 국가 경쟁력의 핵심 요소라면, 문화예술은 그 나라의 '얼굴'
이자 신뢰를 높이는 힘이다. 잘 성장한 오케스트라는 국민들의 정서를
풍요롭게 하는 차원을 넘어 한 나라의 이미지, 국제사회에서의 신뢰,
호감도를 쌓는 강력한 문화적 자산이 된다.

예를 들어 독일 바이로이트 페스티벌에서 일본 총리와 독일 총리가
함께 공연을 관람한 사진 한 장은 세계에 강렬한 메시지를 던졌다. '일
본은 오페라를 사랑하는 나라', '일본 국민은 예술 문화를 즐길 줄 아
는 민족'이라는 이미지를 심어준 것이다. 단순한 정상회담 사진보다도
훨씬 따뜻하고 신선하게 다가오는 외교의 모습이었다.

인도는 아예 10년짜리 장기 프로젝트를 세워 자국의 음악과 무용을
전 세계에 소개했다. 단순히 보여주는 데 그치지 않고, 직접 배우고 체
험하게 함으로써 인도 문화에 대한 호기심과 친밀감을 심어주었다. 이
런 전략적 문화외교 덕분에 지금도 인도 음악과 무용은 세계 곳곳에
서 흔히 접할 수 있는 콘텐츠가 되었다.

프랑스는 자국의 무용 페스티벌을 중국과의 경제교류에 맞물리게
편성하며 예술을 경제외교의 카드로 활용했다. 미국 내 초·중·고등학
교 교육 현장에 한국의 무용과 음악 체험이 포함되어 현지 학생들에

게 자연스럽게 한국을 알리고 있는 것 역시, 훌륭한 문화외교의 결과물이다. 이처럼 문화예술은 국경을 넘어 마음을 잇는 가장 부드러운 다리가 된다.

나 역시 KBS교향악단의 해외 투어를 직접 경험하면서 이를 생생하게 확인할 수 있었다. 영국 에든버러 국제 페스티벌, 폴란드 쇼팽 국제 음악 페스티벌, 체코 브르노 슈필베르크 성 야외 공연까지 처음엔 그저 하나의 연주일 뿐이라고 생각했다. 그러나 공연이 시작되자 분위기는 전혀 달랐다. 서로 다른 언어와 문화권 속에서도 음악은 모든 장벽을 허물고 관객과 연주자를 하나로 만들었다.

특히 체코 브르노의 슈필베르크 성에서 본 풍경은 아직도 잊히지 않는다. 연세가 많으신 관객들이 힘겹게 산을 걸어 올라와 객석을 가득 채우는 모습, 그리고 그들의 진지한 태도와 경외심 어린 집중력은 클래식이 가진 저력 그 자체였다. 그 순간 나는 깨달았다. 한국 오케스트라가 세계 무대에서 만들어내는 울림은 국가의 품격을 드러내는 문화외교의 진면목임을.

음악으로 푼 외교의 매듭

클래식은 해외 무대뿐 아니라 양국의 역사적 순간에도 중요한 역할을 해왔다. 대표적인 사례가 바로 〈한일 국교정상화 60주년 기념 합동

　　　　　　　　　　　　　　　　　귀 열어, 클래식 들어간다

연주회〉다. 일본 도쿄와 한국 서울을 오가며 연이어 열린 이 연주회는 단순한 음악회가 아니라, 양국이 지난 세월의 갈등을 넘어 새로운 미래를 함께 모색한다는 상징적인 메시지를 담고 있다. KBS교향악단 단원 56명과 도쿄 필하모닉 오케스트라 단원 55명이 정명훈 지휘자를 필두로 한 무대에 선 순간, 음악은 정치적 언어로는 쉽게 풀 수 없는 감정의 매듭을 조금은 부드럽게 풀어주는 다리가 되었다. 공연장에 울려 퍼지는 음악 속에서 관객들은 국가 간의 이해와 화해가 추상적인 외교문서가 아니라, 구체적인 예술의 울림 속에서 가능하다는 것을 체감할 수 있었을 것이다.

역사적인 한일 합동 공연, 〈한일 국교정상화 60주년 기념 합동연주회〉 공연 실황.
이 날 공연에는 한국 국회의장뿐만 아니라 양국의 주요 정치계 인사들이 다 함께 공연을 관람하였다.

우리나라 역시 문화예술을 단순히 '공연'이나 '축제'의 차원에서 소비할 것이 아니라, 국가 브랜드를 높이고 국제사회에서의 영향력을 키우는 전략적 자산으로 바라볼 필요가 있다. 잘 기획된 공연은 한 번의 이벤트로 끝나는 것이 아니라, 한국에 대한 이미지를 심고, 외교적 자산을 쌓는 계기가 된다. 결국 문화예술은 국가 발전의 연료이자, 외교의 은밀한 무기다. 경제력과 군사력이 눈에 보이는 힘이라면, 문화예술은 마음을 움직이는 힘이다. 그리고 마음을 움직이는 힘은 종종 더 오래, 더 깊게 남는다.

변하는 시대,
변하지 않는 음악

클래식과 디지털의 만남

21세기에는 디지털 시대의 기술 발전에 맞춰 이를 활용한 다양한
형태의 종합예술을 선보이고 있다. 대표적인 사례로 2022년 KBS교향
악단과 로스트아크가 함께한 게임 콘서트를 들 수 있다. 이 공연은 국
내 게임 공연계의 흐름을 '기원전과 기원후'로 나누는 대사건이었다
고 해도 과언이 아니다.

〈로스트아크 콘서트(2022)〉, 게임 음악회의 한 획을 그었다.

이 혁신적인 시도는 단순히 '게임 음악 연주회'에 머무르지 않았다. 오케스트라의 웅장한 사운드에 디지털 영상과 실시간 라이브 연출이 더해져 관객들에게 강렬한 시청각적 충격을 안겨주었다. 공연 이후 유튜브에 공개된 영상은 현재까지 조회수 수백만 회를 훌쩍 넘어서며, 게임 음악회라는 새로운 장르를 하나의 문화 트렌드로 자리 잡게 했다. 이처럼 클래식과 디지털 기술의 접목은 클래식 공연의 가능성을 새롭게 확장시키고 있다.

당시 공연의 지휘자인 안두현 지휘자가 직접 나와 공연의 상세한 코멘터리를 풀어냈다.

이 공연을 직접 라이브로 지켜본 나는 그 순간을 잊을 수 없다. 눈앞에서 펼쳐지는 놀라운 무대 장치들과 완벽에 가까운 음향 밸런스, 그리고 완성도 높은 곡들이 어우러지며 '어쩌면 이 공연이 시대에 맞는 클래식의 미래일지도 모른다'는 생각이 떠올랐다. 클래식 음악이 가요 콘서트처럼 대중적인 인기를 얻는 장르가 될 수 있겠다는 가능성을 본 순간이었다. 그날 공연장에서 느꼈던 전율과 감동은 단순히 음악 감상의 차원을 넘어선 새로운 경험이었다.

전통과 변화 사이에서 클래식이 선택한 길

한편, 클래식 공연의 디지털화에 대해 우려하는 목소리도 있다. 디지털 기술의 활용이 클래식 본연의 전통을 훼손하는 것은 아닐까 하는 걱정이다. 클래식은 수백 년의 역사를 품은 예술이며, 그 고유의 형식과 가치가 바로 클래식을 클래식답게 만드는 요소이기 때문이다.

그러나 시대는 변화하고 있고, 예술 또한 그 흐름에 맞춰 진화해야 한다. 히사이시 조Hisaishi Joe[4]와 존 윌리엄스John Williams[5]는 이러한 변화를 상징하는 대표적인 인물들이다. 그들이 활동을 시작했을 때 클래식 음악계는 애니메이션 음악과 영화 음악을 클래식의 범주에서 제외하고 외면했다. 같은 오케스트라 형식을 사용했음에도 이들의 음악은 '가볍다'라는 이유로 클래식의 울타리 밖에 머물러야 했다.

하지만 불과 몇십 년 만에 상황은 크게 달라졌다. 이제는 베를린 필하모닉과 같은 세계적인 악단이 히사이시 조와 존 윌리엄스의 콘서트를 열기 위해 막대한 투자를 아끼지 않는다. 관객 역시 더 이상 '이건 클래식이고, 저건 아니다'라는 고정관념에 얽매이지 않는다. 중요한 것은 음악이 주는 감동이며, 그 감동을 어떻게 전달하느냐가 핵심이다.

---

[4] 일본의 영화 음악 작곡가이자 현대 클래식 작곡가. 〈센과 치히로의 행방불명〉, 〈하울의 움직이는 성〉 등 수많은 애니메이션 작품의 음악을 맡아 세계적인 사랑을 받고 있다.
[5] 미국의 영화 음악을 이끌어온 작곡가이자 지휘자. 〈죠스〉, 〈스타 워즈〉 등 세계적인 영화의 음악을 작곡했다.

사실 클래식 음악계의 디지털화는 어쩌면 필연적인 흐름이다. 디지털 시대는 우리의 음악 소비 방식을 완전히 바꾸어 놓았다. 클래식 또한 새로운 세대와 소통하기 위해 변화하고 진화해야 한다. 예컨대 히사이시 조와 존 윌리엄스가 보여주었듯, 클래식은 '귀로만 듣는 음악'에서 나아가 기술과 예술이 결합된 종합예술로서 재탄생할 수 있다.

보스턴 팝스 오케스트라를 직접 지휘하는 존 윌리엄스. 영화 음악을 클래식으로 인정하는 역사적인 전환점이 된 인물이다. (출처: Chris Devers, Wikimedia Commons)

형식은 변해도 클래식은 여전하다

"클래식은 원래 어려워요. 공부를 먼저 하고 들으세요."라는 말은 더 이상 통하지 않는 시대다. 음악(音樂)을 음학(音學)적으로 접근하는 방식은 오히려 본질을 흐릴 때가 많다. 디지털 기술로 구현된 새로운 형식의 클래식 공연으로 관객들에게 접근성을 높이며, 클래식을 한층 더 친근하게 만들어야 하는 시대인 것이다.

히사이시 조와 존 윌리엄스는 수백 년 후 우리가 오늘날 모차르트나 베토벤을 떠올리듯 기억할 이름으로 남을 것이다. 뉴에이지든 크로스오버든 오케스트라를 통해 대중에게 감동을 주었다는 점에서 분명히 존중받아 마땅하다. 모차르트, 베토벤이 쓴 오케스트라 곡이 아니라고 해서 그것이 '클래식 음악이 아니다'라고 단정할 수는 없다. 어떤 작곡가든 오케스트라를 통해 울려 퍼지는 그들의 선율이 우리의 마음에 깊은 울림을 남겼다면, 그 음악은 후대에도 마땅히 보존해야 할 클래식(Classic)의 가치를 지니고 있다는 것이다.

토머스 에디슨의 축음기로 언제든지 음악을 녹음하고 재생할 수 있었던 1877년에도 클래식은 '클래식'이었고, 유튜브라는 플랫폼을 통해 원하는 공연을 언제든지 볼 수 있는 지금, 오늘날에도 클래식은 여전히 '클래식'이다. 클래식은 변하지 않는 본질을 가지고 있으면서도 시대와 기술의 변화에 맞춰 끊임없이 적응해 왔다. 축음기의 발명은 클래식을 무대 밖으로 확장했고, 라디오와 텔레비전은 이를 대중화하는 데 큰 역할을 했다. 오늘날의 디지털 기술은 스트리밍 플랫폼을 통해 언제 어디서든 클래식을 감상할 수 있는 시대를 만들어 주었다. 유튜브나 스포티파이 같은 플랫폼은 단순한 음악 감상 도구를 넘어, 과거의 명연주부터 현대의 창의적인 해석까지 폭넓은 클래식 경험을 제공한다.

그럼에도 불구하고 클래식이 여전히 '클래식'인 이유는 그 안에 담긴 깊은 예술성과 인간의 감정을 포착하는 힘 때문이다. 무대 위에서 실시간으로 이루어지는 연주의 긴장감, 오케스트라가 만들어내는 생생한 하모니, 그리고 청중과의 교감은 아무리 기술이 발전해도 완전히 대체할 수 없는 경험이다. 축음기가 등장했든, 유튜브에서 스트리밍을 하든, 클래식의 본질은 변함없이 사람들의 마음을 움직인다.

한 가지 분명한 것은, 기술이 발전할수록 클래식은 더 많은 이들에게 닿고 있다는 점이다. 과거에는 공연장을 찾을 수 있는 소수만이 누릴 수 있었던 음악을 이제는 전 세계 누구나 클릭 한 번으로 감상할 수 있게 되었다. 덕분에 클래식은 '과거의 음악'이라는 고정관념을 깨고, 지금 이 순간에도 우리 삶 속에서 생생히 살아 숨 쉬고 있다.

그래서 나는 믿는다. 미래에도 클래식은 여전히 '클래식'일 것이다. 축음기를 들고 있든, 스마트폰을 들고 있든, 우리의 귀를 감싸는 그 선율은 어떤 기술이 등장한 시대에서도 변함없이 우리의 영혼을 울릴 것이다.

평생 함흥냉면만 먹던 사람이 평양냉면을 처음부터 좋아할 수 있을까? 적어도 나는 아니었다. 처음 직장인이 되어 여의도에서 점심시간을 보내며 알게 된 사실 중 하나는, 여의도의 직장인들이 심각하게 평양냉면을 사랑한다는 것이었다. 그 '삼삼한' 국물을 그렇게 열광적으로 떠먹는 사람들을 보며, 한동안 나는 의아함을 금치 못했다.

솔직히 말하자면 첫인상은 그리 좋지 않았다. "이게 뭐야? 국물 맛이 왜 이렇게 심심하지? 이걸 왜 돈 주고 먹는 거야?" 국물 한 모금을 떠먹고 고개를 갸웃거리던 그때, 눈앞에 메뉴판의 만두와 비빔냉면이 아른거렸다. 하지만 식당에 있는 직장인들의 정적인 냉면 먹방을 보니 괜히 눈치가 보여 국물을 꾸역꾸역 마셨다. "아, 만두를 시켜야 했는데!"

그런데 사람의 입맛은 참 신기한 게, 한두 번 더 먹다 보니 어느 순간 그 심심한 국물에 오묘한 매력이 숨어 있다는 걸 깨닫게 되었다. 처음에는 아무 맛도 없는 듯 느껴졌던 육수가 점점 깊은 맛으로 다가오기 시작했다. 이 경험은 클래식을 처음 접했을 때의 느낌과 닮았다. 우리는 평소에 익숙한 리듬과 악기 소리에 길들여져 있다 보니, 클래식 음악은 마치 평양냉면처럼 생소하고 낯설게 느껴진다. 한 곡을 듣고 나면 이런 생각이 들지도 모른다. "이게 뭐야? 노래가 왜 이렇게 길어? 내가 뭘 들은 거지? 곡의 하이라이트는 어디야?"

하지만 걱정하지 말자. 이 책은 당신에게 클래식을 억지로 '먹이려는' 책이 아니다. 갑자기 "이제부터 클래식만 들으세요! 클래식 짱짱맨!"이라고 외치며 협박하지도 않는다. 대신, 세상에 수많은 음식이 있듯이 클래식이라는 새로운 '음식'을 어떻게 음미해야 하는지 그 방법을 차근차근 안내하고자 했다.

예를 들어, 마라탕이나 탕후루를 생각해 보자. 처음엔 '이걸 왜 먹지?' 싶었을지도 모른다. 그럼에도 어느새 마니아층이 생기고, 많은 사람이 즐기게 되었다. 인도 음식이나 퓨전 음식도 마찬가지다. 처음엔 입맛에 맞지 않을 수도 있지만, 한두 번 시도하다 보면 신기하게도 중독된다. 클래식도 크게 다르지 않다. 일단 가이드에 따라 입에 넣어 보고 맛이 있는지 없는지 판단해도 늦지 않다. 그리고 끝내 입에 맞지 않는다면? 괜찮다. 인생은 짧고, 입맛에 맞는 음악은 많으니까.

우리는 정통 클래식을 듣고 클래식의 매력에 빠질 수도 있고, '강호동 협주곡', '궁예 레퀴엠'처럼 새롭게 결합된 콘텐츠를 통해서도 흥미를 느낄 수 있다. 중요한 것은 '그 순간 내가 얼마나 몰입했고 어떤 감정을 느꼈느냐'일 것이다. 만약 '난 클래식과 평생 친해질 수 없을 것 같아'라고 생각해 왔다면, 이 책을 통해 클래식이 결코 먼 장르가 아닌 누구나 쉽게 다가가고 즐길 수 있는 음악이라는 사실을 느껴보았으면 한다.

"평생 클래식과 무관하게 살아갈 것 같았던 여러분의 삶에도
뜻밖의 반가운 만남이 찾아오기를"

Special Thanks

인터뷰에 참여해 주신 KBS교향악단 단원, 직원분들께 다시 한번 감사드립니다.

단원

제2바이올린 박서현 단원

비올라 박새롬 단원

첼로 윤여훈 부수석 단원

더블베이스 이창형 수석 단원

오보에 조성호 단원

클라리넷 박한 단원

바순 박준태 수석 단원

트럼펫 남관모 수석 단원

트롬본 윤지언 단원

호른 조현우 단원

직원

공연기획팀 손유리 팀장

공연기획팀 장동인 과장

공연사업팀 강길호 팀장

경영관리팀 손대승 팀장

참고문헌

- 정은혜 「W. A. Mozart Flute Concerto G Major K.313에 대한 연구」 조선대학교 대학원 석사학위 논문, 2006.

- 심재선 「차이코프스키 교향곡 5번 4악장 분석 및 연구」 가천대학교 대학원 석사학위 논문, 2017.

- 장광열 「문화예술을 통한 국가 이미지 고양과 문화외교」 한국문화예술경영학회 학술대회, 2008.

- 양종모, 박진홍 「오케스트라 활동이 학업성취도에 미치는 영향」 음악교육공학, 2011.

- 조은정 「개인 후원제도 연구 : 미국 7대 오케스트라의 경우를 중심으로」 국내 석사학위 논문 한국예술종합학교 협동과정, 2011.

- 조은아 제788회 KBS교향악단 정기연주회 프로그램북

- 중앙일보 [더오래] 고성과 야유 쏟아졌던 '봄의 제전' 초연

- 『Tchaikovsky: The Quest for the Inner Man』 (Alexander Poznansky 저, 1991년)

- O'Hagan, John, and Andrea Neligan. 「State subsidies and repertoire of the London, Paris and Berlin symphony orchestras」 Journal of Cultural Economics, 29(3), 2005.

- Taruskin, Richard. 「A Myth of the Twentieth Century: The Rite of Spring, the Tradition of the New, and 'The Music Itself'」 Modernism/modernity, 2(1), 1995

- Fosler-Lussier, Danielle. 「Music in America's Cold War Diplomacy」 University of California Press, 2015.

귀 열어,
클래식 들어간다

저자 서영재
발행인 김두영
전무 김정열
콘텐츠기획개발부 박지은
디자인기획개발부 김세연
제작 유정근, 강은별
마케팅기획개발부 신찬, 김지연
경영지원개발부 한혜린
표지 디자인 Flowlow

발 행 일 2026년 4월 25일(1판 1쇄)

발 행 처 삼호ETM (http://www.samhomusic.com)
경기도 파주시 문발로 175
마케팅기획개발부 전화 1577-3588   팩스 (031) 955-3599
콘텐츠기획개발부 전화 (031) 955-3589   팩스 (031) 955-3598
등   록 2009년 2월 12일 제 321-2009-00027호

ISBN   978-89-6721-581-1